应对明天
——塑造良好品格

武汉电力职业技术学院　组编

明玉萍　刘建辉　主编

中国电力出版社
www.cepp.com.cn

内 容 提 要

本书主要作为培养、提高青年员工和青年学生思想道德素质学习用书，亦可作为电力行业员工思想道德、职业道德建设业余读物。

本书由四篇组成：人才篇——包括学习理念，成才目标，人才形象，人才思想；价值篇——包括知识力量，时代精神，奉献精神，企业精神，科学人生；人格篇——包括榜样的力量，坚持社会主义荣辱观，崇尚科学知识，遵守社会公德，家庭美德；法纪篇——包括学法，守法，用法，护法。

图书在版编目(CIP)数据

应对明天：塑造良好品格/明玉萍，刘建辉主编；武汉电力职业技术学院组编．—北京：中国电力出版社，2010.4

ISBN 978-7-5123-0203-7

Ⅰ.①应…　Ⅱ.①明…②刘…③武…　Ⅲ.①品德教育-中国-通俗读物　Ⅳ.①D648-49

中国版本图书馆 CIP 数据核字(2010)第 042386 号

中国电力出版社出版、发行

(北京三里河路 6 号　100044　http：//www.cepp.com.cn)

北京市同江印刷厂印刷

各地新华书店经售

*

2010 年 4 月第一版　　2010 年 4 月北京第一次印刷

850 毫米×1168 毫米　32 开本　9.25 印张　204 千字

印数 0001—4000 册　　定价 **22.00** 元

应对明天

——塑造良好品格

编委会

编写人员

主　　编　明玉萍　刘建辉

编写人员　明玉萍　刘建辉　黄　春

郭星箭　张建勋

应对明天

——塑造良好品格

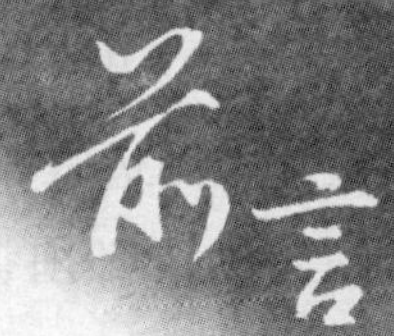

前言

明天不是昨天，昨天是过去的明天，明天是生命的召唤，是社会进步的驱动力。

21 世纪的昨天就有人说，21 世纪是一个“未来的震荡”的时代，在这个时代，如用后即扔的产品、关系所日显严重的短暂性、闻所未闻的新发明、新事件给社会带来的日益增加的新奇性、短暂和新奇给人类生活造成的不可避免的多样性等，让人们的工作、学习、生活因其快速到来的变化而感到压力重重，晕头转向，不知所措……震荡是事物在某一个时间所产生并让你还来不及思索但又具有一定冲击力的现象。大凡事物每向前迈出一步都会产生一定的震荡，然而每一次震荡之后人们就又会有一次新的发现。今天我们正在经历着这些前所未有的震荡，但我们又正在走出震荡，今天欧洲第八百个生存代所做到的、所拥有的辉煌我们中国人也拥有了也正在做到。

不难看出，明天是昨天的终结，但又是一个永恒的话题，它让我们兴奋，也给我们以警示。因为明天对于我们来说，它所包含的意义太重要了，它不是一个永不休止的空洞的明天明天明天。21世纪是中国人民去征服又一个明天的时代，是社会主义中国进入又一个里程碑的时代，这个时代我们将去摘取中国人民所必须拥有的辉煌：奔四化、奔小康、奔月球、奔太空。

这就是我们的明天，然而祖国的辉煌，让我们感受到知识、思想、责任、真诚、爱、纪律的力量是多么的重要；祖国的辉煌让我们感受到我们有很多很多的事要去做；祖国的辉煌需要很多很多有知识、有思想、有责任、有真诚、有爱、有纪律的好素质人才。因此，为了祖国的辉煌，今天拥有中国前所未有的我们，用知识、用思想、用责任、用真诚、用爱、用纪律去编织美丽的祖国理应责无旁贷。

编写这本书，本意就在于，通过对该读物的学习，引导青年员工和青年学生在实践中去观察、对照、感悟人生，以培养和提高思想及职业道德素质；告诉我们每一个青年学生、每一个人，该如何成长，如何做人行事；使之明确祖国的进步繁荣需要人才，需要高素质人才，我们每一个人都应该有所担当。

人生虽很漫长、很艰难，但人生也很有意义，漫长方显意志，艰难方显智慧，我们只要不时地自我学习、自我锻炼、自我改造，即每一个人都知道有所担当，人生的每一步迈得踏实有益，那就是我们活着的意义。今天我们不能荒度，掌握好今天，塑造好自己，就是为了有一个更美好的明天。

编　者

2010年2月

应对明天

——塑造良好品格

目录

人才分不同层次、不同类型，社会对人才也有不同的需求。不仅科学家是人才，在生产第一线工作的工人、农民也是人才。教育体制中要体现各类教育地位平等、协调发展的关系，要改变重学历教育轻非学历教育、重学校教育轻岗位培训、重升学教育轻职业教育的观念。社会主义市场经济是人才需求的多样化、人民群众教育需求的多样化教育发展的根本动力。要打破一种培养目标只能与一个学历层次相对应，一类学校只能承担职前或职后一种形式教育常规。教育要树立服务的观念，为各类社会成员提供多层次、多样化的教育服务。

促进和完善学习鼓励制度，使想求学成才者不仅人人有路可走，而且成才之路宽广、通畅，少有人为的艰难险阻。借鉴国外先进经验，为了便于人们，尤其是在职从业人员成才，必须建立几项具体的制度：其一，建立带薪教育假制，这一制度

的建立，可以提高从业人员求学成才积极性，从制度上使从业人员能离得开、学得好、能成才；其二，改革学籍管理制度，实行弹性学年学分制或完全学分制，推行“教育账号制”或“学分银行制”，使求学者从容求学、工学两便，增加其接受教育的自主性，从根本上消除上学矛盾，方便求学者终身学习；第三，促进办学实体门户开放和彼此间的沟通协作，使求学者依据工作和生活需求，可以变换就读学校，方便其成才。

人才观的问题，涉及对人才评价标准的问题。

意大利著名心理学家安东尼奥·梅内盖蒂创立的“本体心理学”，专门研究人的精神活动的原始动因和对存在的理解。他指出，人具有一种天生的智慧。这种智慧有益于同环境的互动。但由于历史的和社会的原因，人的直觉及其天生的智慧很大一部分都丧失掉了。如果找回失去的部分，人就可能获得成功。

通过学习、教育与培养，主要能倾为抽象思维者可以成为研究型、学术型、设计型的佼佼者，而主要能倾为形象思维者则可成为技术型、技能型、技艺型的佼佼者。如果把这些“佼佼者”称为“专家”的话，数学家、物理学家、医学家是专家，工程师、政治家、歌唱家是专家，高级技工、技术员、高级技师同样是专家。应该说，他们是在社会不同工作岗位、不同工作阶段、不同工作层面上的专家。一句话，他们是具有不同智能结构、智力类型的专家，有着相互不可替代的作用。教育的根本任务，就在于根据人的智能结构、智力类型，采取与之相适应的培养模式，来达到发现人的价值、发挥人的潜能、发展人的个性的目的。

职业教育与普通教育的培养对象在智能结构、智力类型上的不同，决定了两类教育培养方法的不同。正是因为需要采取两种不同的教育方法来培养社会发展所需要的人才，因而决定了职教与普教是两种不同类型的教育。只要教育得法，人人都能成才。现代社会对知识类型，特别是关于应用性知识类型的研究，有许多新的突破。对应用性知识内涵的界定表明，存在着两种属性的应用性知识：一是涉及事实、概念以及理解、原理方面的陈述性知识，要解答的“是什么”（事实与概念）和“为什么”（理解与原理）的问题；二是涉及经验、策略方面的过程性知识，要解答的是“怎么做”（经验）和“怎样做更好”（策略）的问题。教育实践和科学研究都证明，形象思维强的人，能较快地获取经验性和策略性的知识，而对陈述性的理论知识却相对排斥。这并非职业院校学生的弱势，而恰恰是一种在习得过程性知识方面所具有的优势，一种不同于掌握陈述性知识的另类优势。

学习理念

学习是现代人的第一需要。

人类的知识，目前是每3年就增长一倍。应付这种变化，我们需要学会学习。

“一年不学习，你所拥有的全部知识就会折旧80%。”面对信息的裂变，现代人必须要找准生存和发展之路。

今天的学习在诸多方面发生了变化，我们已经不能用以往的学习眼光来看待现在的学习了，明智的态度就是积极主动地投身于学习的革命。

时代的变化给学习理念的变化：

学习途径 今天，凡是媒体，特别是电子媒体都有可能是“老师”。学习材料更多的是文字、图像、声音几者相互结合的“超媒体”形式，使多种感觉通道参与学习。随着多媒体的高度发达，学习将是一个愉快的过程。左右脑并用，特别重视开发右脑的学习潜能，能自主地选择自己最有效的学习方式。

学习时空 我们已经进入了一个终身学习的时代，学习场所得到极大的扩展，学校、家庭、社会教育的界限日渐融合，整个社会成为一所“大学校”。只要你愿意，随时随地都是学习机会。我们必须养成时时、事事、处处学习的习惯。

学习内容 现在的学习不仅要学谋生的知识技能，更要学习创造性的思维方法，强调科学和人文内容并重，注重构建自己全面的素质，特别是生活素质和心理素质，注重成功素质潜能的开发训练。

学习方法 今天的学习主要不是记忆大量的知识，而是掌握学习的方法——知道为何学习？从哪里学习？怎样学习？如果一个人在学校没有掌握学习方法，即使他门门功课都很优异，他仍然是一个失败的学习者。因为这对于处在终身学习时代的人来说，无疑是一个致命的缺陷。

我们正在步入学习化社会，学习化社会的学习特点与传统社会的学习截然不同。今天的学习实质、目的和重心都与以往有所不同。

学习化社会的学习特征主要表现在：

学习是终身的，无法分为教育阶段与工作阶段；

学习在各种环境与机构中进行，学校只是学习的场所之一；

各种形态的学习与学校教育相互统整，人生的学习是形成经验、满足需要的创意过程；

每一阶段的学习成败只具有相对意义，不能作为区分社会组成分子的指标；

强调人的全面发展与创意，重视个人的自由发展与社会成员的不同思维方式；

强调以终身教育的方式、协助个人接受现代思潮，建立历史观、科学态度与相对意识。

很显然，在学习化社会中，有几个学习理念是必须重视和强调的：终身学习，时时处处事事学习，多种途径特别是信息化渠道的学习，学习是生存和发展的根本，学习个别化，和谐发展，个性自由发展，创新学习和开放学习等。

行业人士认为，为了给人们提供最佳的学习和发展机会，使其成为出色的终身学习者与未来劳动者，就必须使其成为一个有信息素养的人，亦即能熟练运用计算机获取、传递和处理信息。这种素养已日渐成为未来从业者必备的素质。目前，美国已有60%以上的工作需要懂得计算机并具备信息素养的劳动者，其工作或多或少要运用网络资源。美国图书馆联合会认为，为了适应日益变化的环境，人们不仅需要多种知识，更需要掌握探究知识的能力，并能把不同的知识融会贯通，实际运用。行业人士认为，培养学生的信息素养已成为教育的首要课题，教学必须以“信息素养”作为新的立足点。同样，信息素养，是新世纪人生存和发展的必备素质。

信息素养的核心是信息加工能力，它是新时代学习能力中至关重要的能力。信息加工能力主要指：寻找、选择、整理和储存各种有用的信息；言简意赅地将所获得的信息从一种表述形式转变为另一种表述形式，亦即从了解到理解；针对问题，选择、重组、应用已有信息，独立地解决该问题；正确地评价信息，比较几种说法和方法的优缺点、看出它们各自的特点、适用的场合以及局限性；利用信息做出新的预测或假设；能够从信息看出变化的趋势、变化模式并提出表示变化的规律。

获取信息是手段，不是目的。处理信息的目的在于利用各种信息，在分析处理各种相关信息的基础上，围绕某一问题的解决，创造新的信息。

面对21世纪的学习革命，新时代的人，必须调整自己的学习对策，塑造适应时代需要的学习理念，调整自己的学习重心。谁能够先行做到这些，谁将拥有发展的先机。

案例 1

我想变　我在变　我要变

安亚丽　南乐电业管理局

曾经一个时期，我因为一些原因使自己深深陷入到极度的迷茫中，我像个“无头的苍蝇”一样到处乱转，找不到自己的目标，认不清自己的方向。培训的第一天，金锋院长教给了我“学会放下、学会放弃”，给了我心灵上第一次的碰撞，当时的我顿时感觉到了自己思想的狭隘，感觉到了自己以前态度的不正确。培训开始的第一天，我们大家对团队的意识概念不是太强烈，但老师的正激励给了我又一次的敲打，为团队争光、为集体加分是我们团队每个人义不容辞的责任和义务。于是我开始努力改变自己，积极调整自己的心态，一份责任驱使我当时脑子里就有一个概念，就是“为团队加分，我们要得第一”。“学会给自己鼓掌、学会为生命喝彩”是对我感悟最深的又一句话，努力工作的你也许会不被领导发现，他们或许不会给你鼓掌，但是你要学会给自己鼓掌，因为你的掌声越响亮，你离成功就会越临近，你不努力工作就等于是自言放弃，那样你的生命将永远不会有喝彩声。回到房间后，我彻夜未眠，脑子里想了很多，也真正意识到了企业中的每个人对企业的发展有多么的重要。如果一个人不努力，就有可能导致整个团队的失败，那是对企业、对团队、对自己都是极不负责任的表现。于是，我开始从对工作态度到对工作热情等不同的方面反思自己，想到了自己前段时间在工作上的表现，我意识到我错了，我真的要改变一下自己了。如果某件事情，因为我的原因，而使我们的团队出现一些工作上的误差或闪失，那样不仅我们的团队永远看不到光明，更重要的是我也将永远得不到掌声，我的生命、我的价值也将永远不会有人喝彩。于是，我想变。

我在变。老师在“五项修炼”中讲到一个企业要想得到发展、走向辉煌，就必须得有一个共同愿景，但共同愿景是由我们企业每名职工的无数个小愿景组成的。学习期间，我就给自己定了个个人小愿景，那就是“从今天、从现在开始改变自己。”于是，我尝试着改变自己，放弃一切杂念，心里想的就只有把我们这次培训搞好，做好一切后勤服务工作，圆满完成领导交给的任务。牵手之行，确实给了我一次又一次的感动，也是我能真正改变自己的原动力。牵手出发之前，我真的想带着眼罩跟伙伴们感受一下“万众一心、其利断金”的意志，但是一股责任心告诉我，伙伴们的安全比我的感受更重要。当我摘下眼罩的一瞬间，我呆住了。山庄的朋友、学院的老师在阶梯的长廊上早已围成一列护卫队，保护着我们这些素不相识的朋友，我被他们的热情震撼了。上山的路远没有想象得那么简单，被蒙住眼睛的伙伴们虽然手牵着手向前行，但我能感受得到他们走的每一步都那么艰难。80 斤的张丽娜手里牵着的是 200 斤的韩志伟，每走一步都能看出小丽娜的艰辛，但一份责任一份信任使他们的手从来没有松开过。下山时的阶梯好像使伙伴们找到了规律，他们一个一个地向下传递着信号，一个台阶一个振动，一个步伐一串音符，看着一波一浪伙伴们震动的臂膀，我感觉那就是世界上最美的画面。狭窄的山路已被蒙着眼睛的伙伴占满，救护队员们只有站在山路的外侧，荆棘的草丛、刺滑的泥土没有吓倒有着责任心的队员们。挡路的树枝，他们用手拔掉；路滑的转角处，他们用身体遮挡；高出的石头，他们用手把伙伴们的脚抬起，汗水流湿了他们的衣服，泥土沾满了他们的双手，他们都无暇顾及，因为他们心里想的不是他们自己，而是他们对伙伴们的一份责任。我们二期学习型企业培训班牵手之行的领路人是王局长，她瘦弱的身体背后拉的是将 200 多斤的朱丙坤，一路走来，她没有退缩。因为她知道她心里装着的、她肩上应该扛着、她手里拉着的不是一个朱丙坤，而是她的 60 名兄弟姐妹。带着这份信念、带着这份责任，她走了下来。当一路坚强的她看到她的伙伴们都安全地从山上走下来的时候，她哭了，但我知道她那是幸福的泪、高兴的泪，因为她把 60 名伙伴平安地带下了山。作为救护队里唯一的女队员，我也挺下来了，虽然手划破了、腰挂彩了、腿拉伤了，但我心里是幸福的。当我看到伙伴们手牵手平安走进教室的时候，我笑了；当我看到伙伴们心与心相连抱在一起的时候，我呆了；当我看见慈母般的王局长时，我像个孩子一样，紧紧地抱着她哭了。我不是因为手划破了、腿受伤了才哭的，而是因为我的心被震撼了，因为到那个时候我才真正感受到“手与手相牵、心与心相连”的真正内涵，才真正理解每个人在整个团队中的重要性。牵手之行牵出的是一份责任、一份爱；牵手之行牵出的是一份情怀、一颗心。牵手之行使大家放弃了竞争，学会了合作；牵手之行使大家增加了理解、多了份信任；牵手之行使大家消除了猜忌、增加了宽容。“牵手之行”也彻底改变了我，彻底为我洗掉了大脑里的不良情绪，也使我更加下定了“改变自我、奉献企业”的决心和勇气。

我要变。当我们三组组长通知我写心得体会参加今天的心得交流会时，我想了很多，想我该写些什么，因为我的感想太多。最后确定用“我想变　我在变　我要变”这个题目，还是跟一位领导在交流时，他给我的启发，因为在我自身改变的同时，领导也看到了我的变化，他的一句鼓励、一个微笑，坚定了我必须要变的信心和信念，因为我是南乐县电业局这个大团队的一部分，我要履行好我自己的那份责任，我要感恩企业、奉献社会、真正实现自我价值。“点燃生命、激活组织”“个人一小步、企业一大步”“没有完美的个人，只有优秀的团队”“活是给自己干的，不是给别人看的，自己给自己找活干会永远有活干”“感恩　善念　包容　快乐　诚实　守诺　和谐　共赢”，老师的一句句言语像把小锤子一样时时击打着我的心。我要变，我要报有一颗感恩的心来回报企业、回报各位兄弟姐妹。常言道“态度决定一切”，世界不会因谁而改变，需要改变的是我们面对世界的态度。通过培训，我也充分认识到了工作不是单纯的谋生手段，更是个人生命价值的体现，而我们的企业，正是体现自我价值的平台。我要变，我要以感恩的态度去面对企业，在工作中充满激情，向着自己的目标不懈地努力。我要变，我要时刻拥有一颗感恩企业的心，不再抱怨，不再推诿；我要时刻拥有一颗感恩企业的心，明白小我和大我的取舍，在工作中不再带有情绪；我要时刻拥有一颗感恩企业的心，与同事彼此之间关系更融洽，配合更默契，消除一切误会和埋怨。我要变，我要做一个有责任的人，因为一个能尽责的人，永远不会是渺小的；一个不负责的人，永远不会是伟大的。责任是一种信仰，也是一种力量。“创新　高效　务实　发展”是我们的企业精神，同样也是我们应该有的坚定信念和努力拼搏的方向，它赋予了我所有一切感激和奋进之源，我又有什么理由不以恳切的情怀去感恩回报呢？我要变，我要变得成熟干练，唯求此生能为企业的发展发一分光、散一分热，肝胆相献、奋斗不止、青春无悔。

点评：

学思悟行是一种理念，告诉我们观念变、行为变、结果变的道理。

组织内的所有成员全身心投入，形成了勤奋好学氛围的组织，是一个学习资源和学习成果共享，促进所有成员不断学习的互动组织，是通过不断学习调动成员的积极性、发挥创造性，调整和改造组织自身以适应环境变化、求得生存和持续发展的组织；是凭借学习，将所有成员的学习成果转化为生产或服务价值，进而体现个人价值，大幅度提高组织绩效，实现共同理想。推进团队学习：大家要互相学习、共同进步，一家人、一条心、一个目标、一股劲，发扬团队精神，不断提高团队的能力。

系统思考：锻炼系统思考能力，使我们能全面地看问题，从而提高解决问题的能力。

真正理解了学习型企业的真正内涵，也使自己在思想上发生了根本性的转变。本文作者的“牵手之行”不仅让其领会到了感恩与感动，更重要的是懂得了人与人之间的那份责任与信任。

案例 2

以“读书”助推企业科学发展

钟志军　江西分宜县供电公司

2006 年初，朱立新来到分宜县供电公司，岗位的变换使他感到自身知识的缺乏，他深知，要做好党建工作，必须具备扎实的理论知识，熟悉业务知识。每逢星期天，逛新华书店成为他生活中的重要事情，在那里，他仔细寻找党建理论知识方面书籍，一有合适的书就买回来研读。由于白天工作忙，他就利用晚上的时间加强学习，几乎把所有休息时间都花在读书上，经常是一个人在办公室学习到晚上十二点钟才回寝室。在努力提高自身素质的同时，他清楚地看到了公司干部职工理论知识的缺乏，无论思想观念还是业务素质都与企业发展需要不相符。他立即以政治理论学习为切入点，建立健全中心组学习制度，规定每月学习时间，明确学习主题和主讲人，切合当前形势加强对党的方针政策、上级公司精神等的学习，并将党风廉政建设内容贯穿其中。每月定期安排职工政治理论学习，紧跟形势需要安排学习内容、应把握的重点和思考题，并根据上级要求增加学习内容，确保员工学习时间，还把学习活动纳入季度检查考核，充分调动各单位为抓学习的责任感，从而有效地促进了学习活动的正常开展。

学习活动能否真正取得成效，关键在于职工在思想上对读书的重要性有个正确认识。因此，朱立新与其他班子成员商议，采取挂点各单位加强辅导的形式抓好学习。在基层，朱立新指导供电所开展理论学习活动，与广大干部职工共同学习，并讲授理论课，及时分析公司发展形势，强调公司改革发展方向，使职工认识到提高自身素质的紧迫性，极大地增强了学习主动性。平时，朱立新经常教导职工："读书不能滥读，要多读好书，读有益于提高政治素质和业务水平的书籍，时间宝贵，要把主要精力放在学习上，只有这样，才能使自己跟得上企业前进步伐，不为时代所淘汰。"同时，他积极引导职工将所学知识运用到实践中，学以致用地在实际工作中发挥作用。为了给职工提高素质创造良好的平台，朱立新加强了学历制度管理，鼓励职工自学成才，严格要求抓好公司大、中专函授班学习，抓好干部职工轮训工作和岗位技能培训。另一方面，不断加强基层站所图书室建设，投入数万元资金购买大量的文学、理论、业务方面书籍，以丰富职工业余生活，使职工能把时间放在读书上，为职工创造一个良好的读书环境，营造出良好的读书氛围。

在学习实践科学发展观活动中，朱立新带头学习科学发展观方面知识，组织干部职工集中学习《毛泽东邓小平江泽民论科学发展》、《科学发展观重要论述摘编》等书籍，做到自己首先学深、学透，做到以正确的理解和把握来推动学习实践科学发展观活动的开展。在庆祝新中国成立 60 年群众性爱国主义教育活动中，朱立新把组织好专题读书活动作为当前一项重要工作，积极与新华书店取得联系，订购了《六个“为什么”——对几个重大问题的回答》、《社会主义核心价值体系学习读本》和《纪念新中国成立60年学习纲要》等书籍，及时下发至各单位，组织干部职工进行专题学习，并列入8月份公司政治理论学习重要内容。在专题读书活动中，朱立新本人反复研读有关书籍，认真做好读书笔记，强化对书本的理解力，深入把握上级公司年中工作会议精神，积极在实践中加以贯彻落实。为确保读书活动的实际效果，朱立新安排参加基层党支部组织的危机意识主题教育活动，要求各党支部书记讲党课时加强对专题学习内容的宣教，使危机意识教育与专题读书活动有机结合起来，起到了相得益彰的良好学习教育效果。在指导干部职工学习教育时，朱立新经常强调，今年是新中国成立60周年，我们必须对新中国六十年的历史及成就有个清楚的认识，明确六个为什么，明确社会主义核心价值的深刻内涵和精神实质，明确上级公司年中工作会议精神，切实增强政治意识和责任意识，树立爱国、爱党、爱企的意识，把思想和行动凝集到公司深化“两个转变”、推动科学发展上来。在朱立新的倡导和教育下，分宜供电公司再一次掀起了学习理论知识的读书新高潮，广大干部职工结合学习撰写心得体会文章，纷纷发表自己对学习内容的理解和感受，相互进行讨论，加深学习理解，使读书活动起到了增强思想道德素质、推动日常工作的积极作用，杜绝了图形式、走过场的现象，读书活动达到了预期中的良好效果。

点评：

读书贵在持之以恒。朱立新在读书活动中珍惜和保持良好的读书习惯和读书氛围，坚持不懈，以读书提高自身竞争力，共同打造“学习型”企业，推动公司科学发展。抓读书、强素质是公司的重要工作，也是我们每位员工的责任，对自己、对企业负责的责任。以这样一种强烈的责任感，对职工、自己、企业高度负责的责任感，不知疲倦的学习，兢兢业业的工作，以自己的读书理念带动着全公司干部职工，不断提升企业整体素质，“读好书”其实就是企业实现科学发展的保证和后劲力。

成才目标

我国社会主义现代化建设对高级专门人才素质的要求及其成才目标是：

（1）德育方面：具有坚定正确的政治方向，努力做中国先进生产力的开拓者、中国先进文化的传播者和中国最广大人民根本利益的维护者。

（2）智育方面：掌握现代科学技术和文化知识，具有本专业所需要的比较系统扎实的理论基础和技能，不断开拓自己的知识领域，完善和形成适合未来工作需要的合理的知识结构，提高知识创新能力。

（3）体育方面：了解体育运动的基本知识，掌握科学锻炼身体的基本技能和方法，养成锻炼身体的良好习惯，身体健康，讲究卫生，能胜任工作。

（4）心理方面：了解和掌握基本的心理健康知识，能进行自我心理调适，在社会实践活动中不断提高自身的心理素质，在竞争与合作中保持良好心态，培养坚定的意志力，养成坦诚豁达、开朗、乐观和自尊、自爱、自律、自强、自信的健康人格，增强经受挫折、克服困难和适应新环境的能力，充分发挥非智力因素的作用。

（5）美育方面：要通过审美教育，提高审美能力，陶冶美好情操。

案例 1

董登友：脱下的是军装　保持的是本色

徐友章　天长供电公司

三次“三等功”

1974 年，不满 20 岁的董登友同志参军入伍。满怀着保卫祖国的远大理想，他接受着革命部队大学校的培养锻炼，为保卫祖国、建设祖国建功立业。作为军人，在部队期间，他时刻铭记自己的神圣使命，刻苦学习政治理论，苦练军事技术。他当过炊事员，担任过炊事班长。对这样的工作他有的老乡觉得很没面子，然而董德友同志却认为在部队什么工作都需要有人去做，当好员工合格的炊事员，同样也是部队的需要。认真做好领导交代的每一项工作，才是军人真正的本色，他是这样说的，更是这样做的。以前在家连普通面条都煮不好的他，和油盐酱醋柴交上了朋友，和锅碗瓢盆刀结下了友谊，《菜谱》等相关烹饪书本是他每天的必学科目。不懈的努力，不仅得到了部队领导和战友们的夸奖，他还分别通过了三级、二级厨师的考核，成长为一名政治上合格，技术上过硬的好战士，三次荣立三等功，多次受到所在部队的嘉奖，并光荣地加入了中国共产党。13 年的穿着军装的生涯，给董登友同志培养了坚强的意志和优良的品德，也为他后来的人生道路打下了坚实的基础。

200度老花镜

1988年底，董登友同志怀着对部队的无限眷恋，转业回到地方，并被安排到天长供电公司，从事变电运行工作。军装虽然换成了电力工作服，但那不变的人格品质再次伴随着他在新岗位上20多年的实践学习，使他从一个对变电运行一无所知的门外汉转变为运行岗位上的生产骨干。

董登友同志刚到变电岗位工作时，面对复杂的变电运行工作，压力很大。然而，他有着积极向上、刻苦学习的精神。通过业务培训，同志们的帮助，自己的刻苦钻研，他的业务水平快速提高，在较短的时间内就胜任了变电运行工作。在学习上他积极主动，不懂的业务问题总会虚心请教。随着科技的进步，新设备、新技术的应用，变电站实行电脑“五防”操作，微机保护，他也能做到与时俱进，率先掌握，55岁的他经常戴着200度老花镜和20多岁的小青年一起练习电脑、学Word文档、制Excel电子表格。他常常说道：“不学习就跟不上时代的步伐。”在今年公司组织的中级工、高级电工技能考试中，他都取得优异的成绩，并拿到了电工中级工证书。

他当班时，按时巡查设备，曾多次发现设备缺陷，及时汇报处理，有效地避免了设备事故的发生。在众多的操作中，他按操作规程去执行，从未违章，无论严寒酷暑，董登友同志都能按规定穿上工作服，监护服，绝缘鞋，带着安全帽，按操作票的顺序逐项操作，并全过程录音。2009年5月5日，1号主变压器由运行转检修，牵涉到负荷转移，倒闸操作量很大，经过一个多小时的操作，他顺利地完成了操作任务，完成任务后已是汗流浃背。他工作作风严谨，不但对自己严格要求，对身边的同事也同样严格。在2009年6月2日10kV旁路127断路器由冷备用转运行操作中，副值的安全帽戴得不规范，他立即批评，要求及时纠正，体现出他对同事的关爱。在担任主值和班组安全员后，他积极配合班长做好站内的安全工作。上级布置的工作任务，他总会百分之百的完成，却从不计较个人得失。他常说：“安全工作来不得半点虚假，要做老实人，办老实事。要对社会负责，对单位负责，对家庭负责。”他是这样说的，更是这样做的。他的突出表现受到公司上下的一致好评，曾多次被评为“优秀共产党员”、“先进生产工作者”。

30年的“永久牌”

也许有人会说董登友很“小气”，其实那是因为别人不了解他。一辆旧自行车已经跟随他30多年，车坏了他自己修，也记不清换了多少个轮胎，真可谓是真正的“永久牌”。他身上永远穿的是军装和工作服，哪怕是在女儿结婚时也只是穿着单位统一发的西服。然而，在奉献社会方面，他却是一个热心人。几十年来，每当别人遇到困难时，他都会主动慷慨解囊，乐于助人。不管是救助孤寡老人，还是帮助解决西部缺水问题，也不管是教育助学捐款，还是帮灾区受灾同胞重建家园，只要有人有困难，他都会毫不犹豫、积极主动地伸出援助之手，尽管是杯水车薪，但却把爱和温暖传递人间。自参加工作以来共捐款4000多元，衣物50多件。有人说他傻，他确憨憨地说：像我们这样快60岁的小老头，名牌衣服和普通衣服一样穿，我们现在的生活要比小时候不知好了多少倍，我把节省的钱拿去帮助需要帮助的人是我们父辈传下来的美德，不能从我老董这里失传了。

如今，在变电运行岗位上一干就是20年的他，平顶头上已露出银丝。

点评：

说到董登友同志，他其实没有什么英雄事迹，也没有多少豪言壮语。只是一个勤勤恳恳工作在天长供电公司城南变电站的他，给人的第一印象是憨厚诚实，然而了解他的人都十分尊重他、夸奖他，因为他对任何事都是那么的一丝不苟，“严、细、实”的工作作风则是他的本色。

我们说时代需要英雄，更需要千千万万像董登友同志这样在平凡工作岗位上默默奉献的无名英雄。正因为有了他们，我们的企业才会充满活力，我们的社会才能更加和谐，我们的祖国才会更加繁荣富强。

案例2

技术创新能手　经验汇编成书

——记镇江供电公司员工孙文凯

郝青年　中国电力网

孙文凯一直从事变电运行工作。他负责江苏镇江供电公司所辖44座变电站的操作、巡视、异常及事故处理工作，是该公司目前唯一一位从事变电运行工作的高级技师。他在工作中不断钻研和创新，先后发明制作的“可拆卸式变电站雨水下水盖板防污网”、《220kV变电站定期切换试验作业指导书》等创新项目都在生产实践中得到广泛应用，降低了生产成本，取得了显著效果。

探索技术革新　安全创造效益

爱动脑筋，日常工作中的任何一个小细节都能引起他的兴趣和关注。在一次例行的变电站巡视中，他看见地面上一只老鼠顺着排水盖板钻进了电缆沟，这一偶然事件立即使他变得不安和焦急起来：“这是一个严重的隐患啊！”虽然现在变电站的设计已有防范小动物的措施，可没有任何遮掩的下水盖板却成为日后变电站运行维护中的隐患。

孙文凯查阅了大量有关土建设计中防范小动物的资料，经过反复论证和试验，终于想到在盖板反面安装一面不锈钢防污网，能够防止小动物和杂物进入沟内。他立即组织了一个项目小组开展“可拆卸式变电站雨水下水盖板防污网”的研究和应用。经过孙文凯不懈的努力，可拆卸式下水盖板防污网在生产实践中得到了广泛应用。如今，镇江地区的变电站的下水盖板都安装了防污网。

传授推广经验　探索管理新模式

电网的快速发展使得变电站数量不断增长，电力设备也不断升级换代。老同志需要迅速适应新设备，新进职工尚缺乏工作经验，孙文凯看在眼里，急在心里。他认识到要想做好工作必须带领周围同事共同提高业务水平。他总结自己多年的经验、心得，编写了《220kV变电站定期切换试验作业指导书》，为员工提供指导。

值班员到变电站巡视时，身边常常带着孙文凯编写的这本作业指导书，操作中遇到各式各样的难题、疑点，大家都会把作业指导书拿出来翻一翻，从中查找答案和方法。实践证明，管理创新能够有效降低员工的工作和风险成本，更能够为企业创造巨大的效益。

科技创新不断　服务生产实践

孙文凯不仅积极参与科技项目的创新，还在日常生产中积极改进，努力降低生产成本，提高经济效益。

2008年，在110kV汝山变电站10kV电容器缺陷处理工程中，孙文凯发现一直以来电容器无专用放电地线，存在隐患。他查阅了大量资料，寻找解决办法，最终设计了电容器专用放电地线，该项目已经过审核，即将进入生产应用阶段，并准备申报国家专利。目前，孙文凯正在研究“五防解锁钥匙分级控制系统”，为无人值班变电站的运行管理提供安全保证。

宝剑锋从磨砺出，梅花香自苦寒来。由于在降本增效工作中的出色表现，孙文凯获得国家电网公司“劳动模范”，江苏省电力公司“劳动模范”、“创新能手”、“先进工作者”、“十大杰出青年”等荣誉称号。

案例3

创新能手徐秀国

郁金平　华聚能源公司

忠实于自己担当的角色，致力于自己从事的工作，保持创新的思维——华聚能源济二电厂副厂长徐秀国在工作中总是用这样的话要求自己。他立足本职，刻苦钻研，成为兖矿电力系统出色的科技创新能手。

1989年7月，作为兖矿第一批发电专业毕业生，徐秀国到正在筹建中的南屯电厂工作。他从汽机检修班长开始干起，先后担任兖矿电力公司技术科副科长、科长，华聚能源首任安技部部长、华聚能源总经理助理兼开发部部长等职，直至2005年4月，他到了刚刚投产三年多的华聚能源装机容量最大的济二电厂任副厂长。

一个个和技术打交道的岗位，让徐秀国更懂得学习的重要性。他多年坚持每天至少看书学习两个小时以上，重点加强对机、炉、电、化、控专业基础知识，管理知识，环保节能减排知识的学习，单自费购书就达到15 000多元。他不仅注重学习，还非常注重总结思考，先后结合自己的岗位工作实际撰写心得体会100多万字。2003年通过全国统考开始中国矿大工程硕士学习，并于2007年以优异的成绩毕业，成为华聚能源自学成才的楷模。

多年来，徐秀国先后对生产现场进行120余项技术攻关创新改造。冒着失败的风险，在兖矿电厂首次成功实施蜂窝汽封、锅炉中心筒缩口改造、点火器异型砖改造、旋风分离器加长吊挂等先进技术，彻底解决了长期存在的汽轮机漏汽、汽轮机头漏油系统易着火、空预器低温腐蚀和磨损等问题，使发电系统达到了运行可靠、稳定。针对发电电能质量低、无功输出不合格，多次被地方电业部门处罚的被动局面，他在行业内率先实现电源侧无功补偿，每年减少功率因数损失1000多万kWh，填补了国内坑口电站空白。他积极参与创新实施兖矿集团级《1＃锅炉底饲回燃技术的应用研究》、《现场总线技术在济二矿电厂改造中的研究与应用》科研课题的科研攻关、现场测试、调试和总结，并围绕系统改进及时编制相应的规程、底饲回燃系统调试运行安全保证措施，确保了项目实施的高质量效果。

徐秀国着眼“四提四降”，即提高生产力、提高劳动生产率、提高质量、提高安全可靠性，降低成本、降低能耗、降低增支环节、降低危险因素，和济二矿运转队一起利用两年多的时间，在兖矿首次创新实施全厂分阶段不停产检修全新模式，对电厂现有系统进行母管制机组向单元制机组的改造，在兖矿电厂中第一家实现对矿井全年24h连续稳定供暖，济二矿也因此拆除了原有三台10t/h供暖锅炉，为兖矿同类型电厂供暖摸索了一条成功新路。他和济二矿环保中心、运转队、选煤厂不断研究实施回收矿井水工程，每天减少使用地下水1500m^{3}以上，每年节约用水费用200余万元。他组织实施的全厂照明节能改造、凝结水泵的变频改造、给水泵的汽动改造，使厂用电率比计划考核降低1.12%，2008年厂用电节省电费65.54万元，节约燃料费491.28万元，节省辅助材料费61.83万元。发电车间成本也从2005年的0.246元/kWh降到2008年的0.225元/kWh，发电量从2005年的1.856亿kWh增长到2008年的3.034亿kWh，电厂考核利润从2005年的1650万元提升到2008年的4800万元，实现了电厂和矿井资源综合利用的互惠双赢。2008年四季度，针对集团公司新的经济形势下煤泥燃料产出量中断、减少，原来锅炉以燃用煤泥为主变为以燃用中煤甚至原煤为主，使锅炉运行状况恶化的情况，他及时组织进行技术分析，从燃料储运、粉碎、运输到锅炉运行调节、改造方面进行探索，使锅炉安全稳定运行周期达到192天，锅炉运行参数控制及运行水平达到国内同类型锅炉最高水平。

徐秀国还从技术总结、分析、研究上培养和引导电厂生产技术骨干，在技术方案讨论、研究和科研项目上尽可能多地创造条件，让技术骨干多参与、多实践、多攻关。从事电力事业20年来，徐秀国作为主要执笔人之一，先后编制集团公司“九五”、“十五”电力发展规划，进行原煤炭部《关于发展煤泥、煤矸石坑口热电厂发展问题研究》和兖矿集团《电力产业发展战略研究》工作，参与起草原国家经贸委2000年660号文《资源综合利用电厂认定管理办法》，总结撰写了48万字的《兖州矿区煤泥、煤矸石低热值燃料燃烧发电技术》一书的书稿。先后获得济宁市经贸委、兖矿集团、华聚能源科技成果15项，在国家级省部级期刊发表学术论文16篇。他的两项发明现已为国家知识产权局受理，正在报审之中。他本人多次获得山东省资源综合利用先进个人、济宁市电力生产技术创新标兵、安全先进个人和集团公司先进个人荣誉称号。

点评：

在知识经济时代，对人才的衡量标准，不仅要看其智力因素即知识水平，更要看德育的种种表现。“德”的标准是很宽泛而实在的。但真正配称为人才的，至少首先是一个合格的公民，必须遵守国家法律，履行基本的社会道德。一个人道德品质不好，与社会格格不入，他的智商再高，也很难对社会作出贡献。千万不要忘记，当年掌管奥斯维辛集中营焚化炉的一批希特勒信徒中，就有戴着医学博士耀眼头衔的出色科学家。宋朝司马光在总结前人做人经验的基础上，曾特别强调了“道德足以尊主，智能足以庇民”的人才判断标准。据报道，前几年北京四中有位学生会主席，学习成绩很好，工作能力也强。在高三复习期间，有一家大型跨国公司派人与他联系，为他提供免费到美国波士顿某大学留学的机会，条件是学成后需为该公司服务。尽管答应这个条件即意味着他可以不用参加当年残酷的高考，而到美国直接接受良好教育，还意味着他可以为自己并不富裕的家庭节省一大笔开支，并且他未来的事业也可能一帆风顺，但他最终还是拒绝了这个邀请。这名同学在高考中不仅考入了名牌大学，并在毕业后被分配到国家安全部门工作。可以说，他就很好地做到了国家需要与个人发展的统一，成为当代大学生的光荣典范。

“五四”时期，青年学生们纷纷将“救国、救民”作为自己的最高使命，如今爱国的表现已不再是救国，而是兴国、强国。当代生产力对科学技术的依赖越来越达到前所未有的程度。随着经济的全球化，国家间的较量日益转向科技创新能力的制衡，一个国家的技术单凭模仿、引进已不能保证经济的真正优势，作为新世纪的大学生，理应担负起振兴祖国科技事业的历史重任，努力使祖国尽早地屹立于世界强盛民族之林。

人才形象

21世纪是竞争和高科技并存的世纪，同时也是形象力大比拼的时代。作为现代知识和科技学习者的大学生，塑造良好的自我形象已成为一种趋势。由于大学生处于知识最为密集的校园地带，各种文化、思想、观点、潮流，都在这里交流和碰撞，使他们成为自我形象的先锋。正是这种自我形象的塑造，使当代大学生成为一种实力型人才。

研究成果表明，当代大学生都有很强的形象意识，他们对形象的审美趋于多元化；在形象的塑造上出现了个性化形象、市场化形象、素质化形象的倾向。加强学生的思想道德、价值观、人生观、创新精神、竞争意识等素质方面的培养，使大学生真正成为社会实际需要人才是很必要的。

自我形象有两层含义，一则是直观的外表形象；另一则是形于外而诉于内的整体形象，也就是指人的文化修养、道德情操和实际技能等。这种自我形象是指社会公众的整体印象和评价，是自我表现和特征在公众心目中的反映，也是人的一种综合的动态的感觉，自我形象的内涵是全面的、丰富的。

当代大学生已经不是“两耳不闻窗外事，一心只读圣贤书”的书呆子。在市场经济下，对外展示的形象宣传及作用使大学生逐步认识到形象的重要性，越来越接受自我包装的思想，越来越重视自我形象的设计。调查显示，98.3%以上的大学生都认为形象很重要，只有1.7%的大学生认为可能重要，没有人对此感到无所谓。可见自我形象的塑造已经成为将来完美地展示自己，实现人生价值的必要途径。

当代大学生对自我形象的整体审美多元化。

男同学对自我形象的审美是从现实出发，比如从事业上考虑，以自己将来的事业来审视和定位自己的形象，对异性多从诸如气质、性情、文化修养等内部素质外化出的形象入手认识；女同学对自我形象的审美多从外在的着装、发式等要求，以求用外在的表层形象来反映自己的某一个特性或气质，对异性的形象审美要求很高，且大多是对诸如帅气、成熟、有涵养等内在的深层形象要素来考虑。女同学不论是对自我形象，还是对异性形象的审美都趋于具体化、细腻化。

从纵向相比较，大一的学生多注重自我和异性的外在形象（表层形象）；大二的学生在注意自我和异性的外在形象的同时，对内在形象（深层形象）的审美和要求又比大一的学生高一个层次；大三的学生更注重对深层形象的塑造。

自我形象塑造出现几种倾向：

由于在极力追求和塑造完美的自我形象的同时，大学生群体对形象又没有一个具体的明确的概念，他们对自我形象的塑造认识和理解程度的不同，使他们在自我形象的塑造上出现了三种倾向。

一是倾向于表层形象个性化。在大学生群体中，大多数大一大二的学生，特别是女生，他们是通过外在的衣着穿戴、着装修饰来达到张扬个性的目的。这些学生追求表层形象个性化的原因是：一则表层形象化很具有时效性，它能够迅速在公众中展示某种个性，向周围的群体宣泄自己的某种情绪；二则表层形象个性化具有多变性。表层形象化本身就是一个不稳定的动态因素，这正好迎合部分大学生对自我形象不定的要求。因为这些大学生群体本身对自我形象的塑造还没有一个定位。这样，就会有一部分学生陷入一味地追求“标新立异”、用“拿来主义”追求“个性流行”等误区。

但深层形象化就能更好地体现良好的内部素质。它是通过知识的积累、成熟的思想认识、良好的价值取向等内部素质来强化的，是良好素质的沉淀，是自信的表现，是优于常人的个性展示。深层形象化的展示是漫长的，它可能用一生的时间对某一个性进行追求，但也会出现极端化。

二是倾向形象市场化。市场经济的发展，加剧了人与人之间、企业与人之间的公平竞争。对于走向或即将走向社会的大学生来说，他们要在社会上为自己定位，要从自己心理和自己的专长出发，认可一个或缺的职位；而社会以市场运作的方式，以利润最大化的客观条件为前提，来选择和定位这些大学生。这样，在供与求的双向选择上，双方不可避免地会出现观念或利益上的差异，但在需求方（社会）占主导地位的情况下，大学生为了适应和迎合社会需要，不得不按照市场的要求来塑造和定位自我形象。于是，不可避免地出现市场化的倾向，大三和大四学生尤为明显。

三是倾向于形象素质化。以内在品质为决定因素的形象素质化，它所体现的价值尺度是全面的，它涵盖着真、善、美的标准。形象素质化作为实物形象、意态形象和艺术形象的综合，已经成为当代大学生自我形象塑造的最终目标。他们具有科学和较为合理的知识结构，广泛而专一的兴趣，强烈的创造动机和不竭的进取精神，还有优良的意志品格和坚持独立的个性品质，能够以国家和社会的要求来定位自己。

案例 1

戈壁滩上的技术尖兵

——记沙雅供电公司员工胡奎

郝青年　国家电网报

5 年前，刚刚大学毕业的胡奎义无反顾地从“天府之国”四川来到新疆，扎根在戈壁滩上，驻足于塔里木河畔。5 年间，戈壁上的风沙磨砺了他的韧性。他立足岗位，学用结合，在平凡的岗位上创新求变，用一项项技术革新和实用发明为降本增效作出了实实在在的贡献。

“学而不思则罔，思而不学则殆。”这是胡奎的座右铭。初到新疆沙雅供电公司时，胡奎被分配到电气试验班。当他发现理论知识不足时，便买回大量有关电气试验的书籍，一头钻了进去，如饥似渴地啃了起来。同事们常常这样评价他：胡奎肯学爱钻，对不懂的问题从来不放过，每个问题都要搞清楚才肯放手。在胡奎的宿舍里，几乎是清一色的电力专业书籍和资料，每一本都被他密密麻麻地写满了批注。

2005 年，沙雅供电公司组建集控中心，胡奎跟着阿克苏电力公司的专业人员，从设计到设备安装、调试，忙忙碌碌，常常忘了吃饭。正是凭着这股吃苦耐劳的精神，他很快掌握了继电保护、通信、远动等方面的知识，为技术创新打下了坚实的基础。

2007 年，沙雅供电公司鼓励员工开展 QC 项目创新。作为企业的技术“排头兵”，胡奎无时无刻不在思考如何通过技术创新降低成本。他留意到由于新疆地区风沙大、昼夜温差大，绝缘子部件的金属特性易发生变化，造成绝缘子松动甚至脱落，每年因为10kV针式绝缘子螺帽松动需要停电消缺多次。尽管消缺所需时间不长，但是每次从停电到送电，前前后后加起来需要1个多小时，因此，他开始琢磨能不能在不停电的情况下开展此项作业。

为掌握第一手资料，每次签完工作票，他都跟施工队的人员到现场，观看作业情况，分析问题产生的原因和应对办法。经过反复的观察，他开始动手研制一种新型工具。为了寻找合适的材料，他跑遍了全县所有的电器门市部，一次又一次，从下班一直逛到晚上12点，终于找到了可以做活动接头的螺丝头。白天上班，晚上加班做试验，那一阵子，80多公斤的他一下子瘦了不少。同事们每天都要督促他回家睡觉，纷纷议论说："这小伙子疯了，不喊他睡觉，就不知道回家。"

辛勤的劳动换来了丰硕的回报，经过3个多月的数百次试验，胡奎终于找到了理想的材料，并成功做成了第一件样品。为了检验实用性，每次停电，他都带上自己的新发明，开展现场试验。经过20多次的试验和不断完善，样品终于成熟。所有针式绝缘子松动均可以带电操作，每条10kV线路带电消缺就可以避免电量损失1万千瓦时左右，创造经济效益5000多元，全年下来可为企业减少损失16.275万元。

2008年，胡奎迎来了收获的一年，他发明的实用新型专利带电紧固10kV针式绝缘子实用效果十分明显。目前，这项技术已经在阿克苏全地区进行推广，胡奎因此获得新疆电力公司2008年度青年岗位能手称号。

点评：

国家、社会、家长把一批批青年交给大学，大学把他们培养成什么样的人？怎样使他们走出校门后能有更多的机会为国家、民族大业施展自己的才智？中国著名物理学家、英国诺丁汉大学校长杨福家说："第一，要懂得你活在世界上是干什么的，这是人生观。知道了活着是为了什么，就会有无限的动力；第二，要热爱自己的祖国，要把祖国的观念非常强烈地牢记在心上，不热爱祖国，精神就没有根基；第三，要能艰苦奋斗，即使物质生活条件非常好了，也要能艰苦奋斗。不能艰苦奋斗的人，是不可能有很大成就的；第四，应该能与人相容，懂得怎样与人相处。这条也非常重要，因为今天的社会，任何一样事业都不是一个人就能够做完的。"

做人要有正确的人生观，要有崇高的理想，要有远大的抱负。周恩来："为中华之崛起而读书"，毛泽东："男儿立志出乡关，学不成名誓不还"，就为我们树立了光辉的榜样。正因为他们从小立下了鸿鹄之志，才创下了惊天伟业。正如高尔基所说："一个人追求的目标越高，他的才力就发展得越快，对社会就越有益。"所以，①做人一定要做一个有理想、有抱负的人。②要热爱祖国。热爱祖国要具体化，不能空洞无物，热爱学习、热爱老师、热爱学校、热爱父母、热爱家乡就是热爱祖国，老师热爱学生就是热爱祖国。③要艰苦奋斗。现在吃不了苦，成不了才；今后吃不了苦，成不了事。只有艰苦奋斗，我们现在才能成大才，今后才能成大事。④要与人相容。要能与人相容，必须对己严，对人宽。宽容别人是一种美德、是一种修养、是一种智慧。

胡奎用实际行动表现出创造进取精神、优良的意志品格和坚持独立的个性品质，能够以国家和社会的要求来定位自己，诠释了国家电网公司青年员工“诚信、责任、创新、奉献”的内涵。

案例2

围棋一方盘　人生大世界

——记渭南供电公司田云

吉建芳

田云是陕西省电力公司渭南供电公司的一名员工，也是一个不折不扣的围棋爱好者。他既是干一行、爱一行的电力企业优秀员工，也是围棋业余五段，在围棋的方盘上默默地品咂着人生大世界。

于工作　他干一行　爱一行

1992年，田云从大学毕业后被分配到渭南供电公司调度所工作。最初在调度所自动化班工作，在该公司“创一流”时，被安排搞变电站综合自动化。后来又根据公司生产部门的安排搞继电保护工作，从110kV的继电保护到330kV的继电保护他全都做过。2008年7月，他又到渭南供电公司客户服务中心供电监察岗位工作。作为一名电力企业员工，他干一行、爱一行、专一行、精一行，不论在哪个工作岗位，不论干何种工作，都能够认真负责，很快全身心地投入并精通工作。虽然他的工作跨度大，甚至是跨专业的，但他每到一个岗位，都能很快胜任工作，从不熟悉到熟悉，再由熟悉到优秀，他用自己的实际行动切实践行“干一行、爱一行”，踏踏实实做人，认认真真干事，不论工作环境有多么艰苦，也不论遇到的困难有多么艰辛，他都能兢兢业业圆满完成领导交办的工作任务。

在电力企业，像他这么多地更换专业和技术岗位的情况也不少，但大多是纵向调整，而他则一直是横向调整。在实际工作中，他凭借自己优秀的技能和娴熟的技术，35kV～330kV调度自动化分站设备的安装调试，创一流期间局属70％综合自动化变电站全站二次验收，罗夫变电站，高明变电站，渭南变电站基建、扩建、改造继电保护部分，他用汗水和严谨的工作交出了一个个负责任的运行设备和二次工程，获得了一项又一项荣誉：先后获得渭南供电公司保电先进个人、工会积极分子、综合自动化和继电保护技术能手、先进工作者等。他其实并不看重那些证书和奖杯，拿回家他都给小孩当玩具，并不会津津乐道。

于爱好　他坚持　再坚持

对于围棋的喜好，还是在上大学期间，课余时经常看同学们下棋，有时自己也会下几盘，渐渐就喜欢上了。和其他许多业余爱好大同小异的是，围棋入门容易，但要更进一步或者再上一个台阶却十分难。任何爱好的发展都是要有一个过程的，是曲折的，甚至可能会有一些波折，从浅层次的喜好到痴迷和执著地喜欢，许多人往往不能做到坚持，多是半途而废或者仅仅只是停留在爱好这个层面，并没有坚持走下去或者向更深更高的层次发展，而他则不同。他是一个认真的人，对一个人、一件事的喜欢，只要是喜欢了就一直会坚持下去。

参加工作以后，业余时间他仍然经常看同事们下棋，但下的很少，自认为水平不济的他甚至最初不敢和围棋爱好者中的高手们对弈。后来，他慢慢在学中看、在看中学，还经常购买一些围棋专业书籍，有时也到专业网站看网友下棋、和网友下棋，偶尔也和周围的同事们下，有时也会去西安和围棋爱好者们学习，到长安棋院向老师们请教。他早已是渭南市运动会上的围棋项目冠军，在渭南市只要他参加的围棋比赛必定稳夺第一，被大家公认为“棋王”。在陕西省运动会上，他也已经进入前十名，成为围棋业余五段。几年前，陕西省电力公司组织举办围棋大赛，有一百多人报名参加，他接到参赛通知后，和该公司的围棋爱好者们组队参加了比赛。作为他们这个团队的核心人物，他不但自己沉着应战，一路过五关斩六将最终拿下了大赛的个人第一名，而且鼓励和带动其他围棋爱好者们调整到最佳状态，大家士气大涨，频频获胜，夺得大赛的团体冠军。他还参加并获得陕西省名手邀请赛个人第 7 名、陕西省十城市对抗赛团体第 4 名等诸多荣誉。

点评：

棋走正招，人走正道。

棋是人精神的一部分，棋品看人品，从棋盘上可以看出一个人内心世界的许多东西：人生经历、品行和性格等。田云认为围棋打开了自己人生的一扇窗，工作之余切磋技艺，提高水平，增长见识。在他的带动和影响下，大家平常都在各自的工作岗位上默默地干着各自的工作，并不显山、不露水，但在比赛中，却个个骁勇善战，敢于“亮剑”。

一方棋盘上的 361 个子一人一半，一盘棋的结果只有“胜”、“败”两个字，无论胜负内心都需要坚持，有时眼看着胜券在握，也许一着不慎就会满盘皆输，围棋比赛经常会出现大喜大悲的状况。虽然说下棋时知己知彼才能百战不殆，但是他还是认为自己的实力是最关键的，棋走正招，人走正道，绝不可走歪门邪道。他把工作和爱好分得十分清楚，风风火火工作，沉沉稳稳下棋，上班期间就尽心尽力忙自己的事，业余时间则把围棋作为自己一项十分热爱的兴趣和爱好。并不要求一定得达到怎样的水平和高度，但每天进步一点点，绳锯木断，水滴石穿，相信日久天长自会有所收获。于围棋，如是；于人生，同样如是。

人才思想

树立科学的人才观，是适应经济全球化和国际人才竞争的客观需要。当今世界，国家间的经济联系日益密切，经济全球化浪潮不断高涨，科技进步日新月异。随着科学技术的迅猛发展，传统产业在经济发展中的比重逐渐下降，各种自然物质资源在生产过程中的消耗比重不断减少，以知识为基础的产业逐渐上升为社会的主导产业。技术密集、智力密集产业的比重显著上升。知识与人才已经成为当代经济社会发展的两大支点。人才作为知识的创造者、承担者、传播者、使用者，正在成为制约经济增长和社会进步的关键因素。国际竞争，说到底是人才的竞争。随着全球范围产业结构的大调整和国际市场竞争的加剧，一个国家的生存和发展，越来越同经济、科技的竞争能力紧密相连，而人才正日益成为核心的竞争力。人才资源的开发已经成为世界各国经济和社会发展的战略制高点，谁占据了这个制高点，谁就能够在国际竞争中处于有利地位。因此，树立科学的人才观，实施人才强国战略，是适应经济全球化趋势不断发展、应对国际人才激烈竞争的必然选择。

科学的人才观，就是对于什么是人才、人才在经济社会发展中所处的地位、如何用好人才等一系列问题的科学认识。我们必须全面理解和准确把握科学人才观的基本内涵，自觉地把思想认识从各种不合时宜的观念和做法中解放出来，增强实施人才强国战略的自觉性和坚定性。

“人才资源是第一资源”，是科学人才观的重要内涵。人才作为先进生产力和先进文化的重要创造者和传播者，是生产要素中最活跃、最重要的因素，是当今社会生产力发展的核心要素。随着社会生产力水平的提高和科学技术的进步，人类经济发展正从以依赖物质资源为主转向以依赖智力人才资源为主。物质资源的开发利用是社会发展的基础，而人才资源的开发利用程度则决定着对物质资源开发的深度和广度。在知识和技术成为经济社会发展的决定性因素的今天，人才资源已上升为十分重要的战略资源，人才已经成为越来越重要的财富和资本，成为推动经济社会发展的主要力量和直接的动力源泉。树立“人才资源是第一资源”的观念，对于我国从人口大国变为人才资源强国具有重要的意义。

“以人为本”，是科学人才观的另一重要内涵。以人为本，就是把促进人才健康成长和充分发挥人才作用放在首要位置，努力营造鼓励人才干事业、支持人才干成事业、帮助人才干好事业的社会环境。以人为本，就是立足于人，理解人才、尊重人才、关心人才、保护人才、用好人才，科学地开发和利用人力资源，促进人的全面发展；就是坚持把是否有利于促进人才成长、是否有利于促进人才的创新活动、是否有利于促进人才工作同经济社会发展相协调作为做好人才工作的出发点和落脚点；就是放手让一切劳动、知识、技术、管理和资本的活力竞相迸发，让一切创造社会财富的源泉充分涌流，以造福于人民。

我们在准确理解和把握科学人才观基本内涵的同时，还要深刻认识科学人才观的鲜明特征：第一，科学人才观充分体现了群众性。它坚信人民群众是历史的创造者，是社会发展的最终决定力量；坚信人才来自于人民群众，人民群众是人才的不竭源泉。第二，科学的人才观充分体现了平等性。它提出了科学的人才评价标准，彻底打破了门第身份偏见，打破了僵化的评判标准，为各类人才提供了公开、平等、竞争的平台。第三，科学的人才观充分体现了发展性。它坚持发展是执政兴国的第一要务，把促进发展作为人才工作的根本出发点。科学的人才观和科学的发展观密切相连，坚持人才资源开发与经济社会发展的同步和协调，把人才队伍建设作为制定国民经济和社会发展规划的重要内容，把人的全面发展和可持续发展作为科学发展战略的重要内容。第四，科学的人才观充分体现了实践性。它坚持在实践中发现人才、使用人才、锻炼人才和培养人才，把实践作为检验和评判人才的根本标准。

改革开放以来，我国的人才队伍不断发展壮大。但从全局看，我国人才队伍的总量、结构和素质，还不能适应时代发展的要求，还不能适应社会主义现代化建设的需要，特别是现代化建设急需的高层次、高技能和复合型人才短缺；市场配置人才资源的基础性作用发挥不够，人才流动的体制性障碍尚未消除，人尽其才的用人机制有待完善。我们必须充分认识目前我国人才工作面临的形势和挑战，自觉地以科学人才观为指导，抓住机遇，开拓创新，加快实施人才强国战略。

着眼人才工程的全过程，抓好培养、吸引和使用人才三个环节。人才建设是一个系统工程，培养人才是基础，吸引人才是重点，用好人才是关键。要坚持把能力建设作为人才资源开发的主题。加大对人才工作的投入，优先发展科学和各类教育事业，为各类人才不断涌现和充分发挥作用奠定坚实基础。要合理引进现代化建设急需的人才，加快推进事业的发展。要建立良好的制度环境、政策环境和人文环境，建立以公开、平等、竞争、择优为导向，有利于优秀人才脱颖而出、充分施展才能的选人用人机制。

正确处理整体建设与重点建设的关系。人才队伍建设是一项系统工程，必须坚持分类指导，整体推进，做到党政人才、企业经营管理人才、专业技术人才“三支队伍”一起抓。着重培养造就大批适应改革开放和社会主义现代化建设的高层次人才，带动整个人才队伍建设。高层次人才是人才队伍中的关键部分，是争夺科技、经济竞争制高点的核心骨干力量。在重点抓好高层次人才队伍建设的同时，注意抓好各个层次人才的培养和使用，抓好各类急需人才和使用人才的培养和使用，包括高级技工技师、农村实用人才，不断提高全体劳动者的素质。

充分利用国内国外两个方面的人才。当前，人才领域的竞争呈现出“国内竞争国际化，国际竞争国内化”的趋向，我国的人才安全面临着新的挑战。随着改革开放的不断深入，我国对引进国外各类人才的需求急剧上升。虽然我国属于发展中国家，但在对高层次人才的需求上，却出现了与发达国家同构的情况，我国短缺的高层次关键人才与发达国家大体相同。对此，我们要进行深入的分析研究，并采取相应的合理对策，在更好地培养使用国内人才的同时，加大吸引留学人才和海外高层次人才工作的力度。

国以人立，业以人兴。改革开放和现代化建设的宏伟事业需要人才，呼唤人才，造就人才，同时为各类人才脱颖而出、施展才华提供了广阔舞台。我们要以科学发展观为指导，牢固树立科学的人才观，以求真务实的精神做好人才工作，努力开创人才辈出、人尽其才的新局面。

案例 1

西岳小子：常征

7 月 18 日晚，在西潼高速渭南市西入口处的“18°酒吧”门前，流行乐坛如日中天的“黑撒乐队”为当地人带来了一场视觉盛宴和极高的精神享受，这也是“黑撒乐队”首次在渭南进行的演出。《中国广播报》头版头条用大幅照片图文并茂的报道了此次盛况活动，渭南交通音乐台现场直播了这一盛况，当地其他媒体的记者们也纷纷前来助阵，而这些都缘自那个网名叫“西岳小子”的陕西省电力公司渭南供电公司员工常征。

求学期间　一个爱好颇多的“坏”小子

在很小的时候，常征一直比较喜欢画画，这种喜欢有别于许多小孩子大都喜欢的那种涂鸦，因为见过他画的人都评价说“画得还不错!”他画素描画速写画钢笔画，在一切可以找到的纸上，课本和作业本上自然都曾留下过不少他的画作。他还尝试画过一些烙铁画。后来，受他家对面一位搞家电维修邻居的影响，渐渐对无线电产生了兴趣，家长给他买早餐的钱偷偷积攒着省下来，去地摊上买二手的无线电书籍，虽然许多内容他都看不懂，但并不妨碍这个爱好的进一步发展。在家做作业时，他常常面前摆放着书本和作业，手却在桌下偷偷制作小东西、搞小发明，有时甚至在课堂上也是如此。在西安电大学校上学时，《电网》课班上其他同学考试都通过了，唯他一人不及格，只因他在课堂上貌似认真听课，实际上却是在偷偷锯东西，而且还是学校的公物——一块旧床板，那是他在赶做的一个音箱所必需的材料。对于其他同学来说，补考往往是一不小心的意外之事，对他则似乎是一种常态。当然他也有学得比较好的课程，比如《制图》、《高压》、《电子》等。他还曾替老师给同学们讲过《电子》课，甚至受邀去帮高年级的学哥学姐们去调试他们制作的电视机等。

他最初的那些小制作往往做一个被家长或老师毁一个，毁一个他又接着再做。他设计的“一次性纸杯”和“一次性注射器”是真正意义上的用一次就彻底报废，无法再二次使用；他设计的“点读机”成本低廉操作简单，但与现在市场上普遍推广的那种“点读机”功效却完全一样。上初中时，他的发明就已经获得渭南市发明的一等奖；十多年前，他就已经设计出了“会飞的自行车”、“电动滑板”等，但身为学生的他，因“昂贵”的专利申请费用和较为繁琐的手续，他的发明大多只停留在“发明”这个阶段，并未被进一步推广或投放市场。

常征的爱好还远不止这些，在电校学习时，他还是校乐队里一名优秀的萨克斯手。参加过西安广播电台组织的一次“音乐发烧友音箱制作大赛”，每周末都坚持去听课，和那些有共同爱好的人一起交流学习，虽然最终并没有获得任何奖项，但他却从中学到许多其他地方无法学到的东西。他还是学校一位摄影老师的关门徒弟，从老师那里学到暗室冲洗等许多摄影技术，他常常自费买来胶卷给同学们拍照，又自己在暗室冲洗放大。还和老师一起办过摄影展览，在校园里引起不小的轰动。他自己找材料制作成简易音响，挂在教室黑板两边供全班同学欣赏音乐，却只可以放自己喜欢的摇滚乐磁带。除了完成学业，他每周一三五的课余时间学摄影，周二和周四进行乐队的训练，其余时间捣鼓无线电、画画和其他小发明。可是不论他在哪方面做得有多么出色，却似乎一直是家长和许多老师眼中的“坏”小子，好在常征并不在乎这些。

工作岗位　一个学以致用的好员工

1997 年 7 月，常征毕业后被分配到渭南供电局变电运行处高压试验班工作。他很快就把学校时学到的东西和自己以前搞得小革新小发明应用到实际工作中，自从他到了高压试验班后，班上的高压试验器、恒流源等都由他来负责维修或制作。由于他的动手能力较强、技术娴熟，学起来更容易一些，短短一个月时间他就把《高压规程》全部熟烂于心，几乎能倒背如流，很快就得到各个层面的认可和肯定。一年后，常征如期顺利转正。又在大约一年多的时间里，他被很快提拔为班组技术员。后来，即便他到新闻中心工作以后，试验班的设备有时坏了，大家还是会习惯性地想起他，他也很乐意再回去帮他们维修。因为有些时候很紧急的电力设备维修，若叫厂家来修不但时间上可能会延误，而且往往需要不菲的一笔费用；而叫常征来维修，一则不需要任何费用，二则只要邀请他大都会在最短的时间内一次维修彻底，且不会留任何“尾巴”。

常征在高压试验班时，一次，某单位渭南局搞系统测试，领导安排他去参与测试。在和对方技术人员的交流中，他觉得他们对有些技术的运用有些过于死板，不够灵活，甚至可能有误，但技术人员并未给他看所谓关键性的公式。于是，常征自己查资料找数据，经过计算认为确实有差错，但那些有着更高学历的技术人员并不相信他的任何建议，只是将这一情况汇报给了他们的总工，事实是这些技术人员对计算公式的理解不够，幸亏常征及时提出异议，否则既耽误了时间又浪费了金钱。

2000年，因为单位“创一流”工作的需要，他被调到新闻中心工作，他又把自己的工作和对无线电的爱好很好地结合起来，很快就掌握了刚刚更新的电视新闻拍摄和编辑系统的全部技术。那段时间，他把自己的一套旅行被褥全部搬到办公室，白天工作，晚上钻研学习，困了就铺开被褥躺一会儿，在较短的时间里就对业务十分精通熟练，迅速从一名班组技术员成为一名优秀的新闻宣传工作者。在企业电视新闻宣传领域，常征很快获得了一个又一个奖项：近20部专题片、宣传片和新闻短片获得陕西省电力公司专题片、宣传片评比的一、二、三等奖，连续多年被评为陕西电力系统优秀通讯员；摄制的“电力安全广而告之”获省电力公司系统2002年度电视片评比特别奖，并作为公益广告连续在“国电动态”杂志上使用一年之久；为西安灞桥热电厂摄制的《安全生产排头兵》专题片于2002年2月由中国电力出版社正式出版；拍摄制作的音乐MTV《懂你》获得2003年陕西省电力公司系统电视片评比特别奖……这一项项荣誉的背后，渗透着常征无数的汗水和心血，倾注了一名爱岗敬业的电力员工对工作的深深的情和爱。

组织沙龙　从一个人到一个群体

如果说画画和折腾无线电是一个人的事，那么搞乐队却是一个群体的事。于是，在校乐队的那几年学习和锻炼，对于常征性格的影响是很大的，他此前并不是一个爱说话的人，也不是一个太爱与人交往的人，甚至或多或少地有些封闭。可是后来的他不但变得开朗健谈，而且胆子也慢慢变得大了起来，许多以前闻也未闻的事他都敢去进行尝试，而且一件件都还做得不错，也渐渐得到一些方面的认可。他工作不久就受聘成为渭南广播电视报做兼职记者，现在仍然是该报的兼职记者；因为在学校时取得的成绩，他很快就被批准加入渭南市摄影家协会；在网吧还没有遍地开花的时候，他已经在渭南市开办了一家网吧；并开始学做网站，成立了“西岳网络公司”，还代理过远程教育；他还经营并销售电脑及其配件……

后来，他通过网络认识了一些外地的摄影爱好者，渐渐萌生了组织一个摄影群体的想法。2005 年，常征发起成立了一家摄影俱乐部，并在网络上建立了同名摄影论坛，后来几易其名，确定为“西岳印象”。当年年底，俱乐部的会员们就进行了第一次聚会。摄影论坛一度越做越好，仅半年时间注册的摄影人就突破了 500 名，他们经常开展活动，从网上到网下，从摄影沙龙到摄影论坛，常征的摄影事业搞得红红火火，聚在他身边的摄影人也越来越多。在论坛的鼎盛时期，他还收购了陕西咸阳的一家摄影网站。2006 年，常征和周围的几个影友不满足于只是

“网上谈摄影”，他想成立一个实体性质的摄影沙龙。于是，他们在一番考察之后，选定在渭南市政府小区的步行街上成立了“18°摄影沙龙”，当地仅此一家，在陕西全省其他地方也并不多。成立当天，时任渭南市副市长的资深影友史新民也兴致勃勃地亲自开车前来剪彩，全省各地的影友来了有一百多人，把上下两层共二百多平方米的地方挤得水泄不通，这件事在当地引起了不小的轰动。在数码摄影器材早已进入寻常百姓家的现今，爱好摄影似乎越来越成为一件稀松平常的简单事，而摄影圈中单枪匹马专注于个人创作的也比比皆是，摄影协会一类的组织也很多，但是能把摄影这项业余爱好做到常征这个程度的却着实不多。

两年多来，“摄影沙龙”在广大影友中的影响力和号召力有增无减，在社会上和摄影圈中也已经享有了相当的知名度和认可度，但由于经营成本相对较大，一直在常征的兴趣和爱好支撑下运作。他再三考虑后，决定在渭南市开发区、西潼高速渭南市西入口处开设了一家在当地较为高端的“18°酒吧”，是由一家房地产公司闲置的售楼部改装而成。这个占地面积约300多平方米的纯酒吧，从4月中旬开始试营业，7月18日正式营业，经营收入将全部用于“18°摄影沙龙”。虽然常征现在已经很少做音乐，也只是偶尔才拿起画笔，小发明也做得不是很多，但这些爱好对于他的摄影事业却有着不可或缺的影响和促进，他的摄影沙龙和酒吧装修全都融入了自己的设计理念，“黑撒乐队”的豪爽和耿直也正是常征一直追求的做人信念和喜欢的音乐风格……

点评：

于工作，常征一直十分认真又敬业爱岗，不断创新和向前推进，在同行中享有很高的口碑；于爱好，他一直十多年如一日地坚持，并且影响和带动了一大批人；于生活，他乐观豁达，追求健康又积极向上的生活方式，他的人生精彩而又极有品位。在许多老师眼中，他似乎一直是一个“坏”学生，却又和真正意义上的“坏”学生相去甚远；但在单位领导和同事眼中，他却一定是一名不折不扣的优秀电力员工；在朋友眼中，他是一个热心够义气又值得信赖的朋友。他，是一个以满腔热忱快乐工作和生活的普通人。

案例 2

能力之外的资本等于零

余玮　环球人物

身为中国电力国际发展公司首席执行官，又是中国国家领导人李鹏的女儿，李小琳走到哪里都备受瞩目，她开诚布公地表示：“能力之外的资本等于零。”

2009 年 5 月底，“气候变化问题全球商业峰会”在丹麦首都哥本哈根举行，800 多位全球工商界巨头出席了大会。联合国秘书长潘基文致了开幕词。在这些精英当中，有一位气质出众的中国女性格外引人注目。她，就是李小琳，中国电力投资集团副总经理、中国电力国际发展有限公司董事长。

李小琳在中国电力市场被称为“一姐”，还曾荣登美国《财富》杂志全球商界女强人榜，被媒体称为“女电王”、“站在国际资本肩上的美女 CEO”。记者眼前的她，温文尔雅、自信淡定。坦诚的交流中，让人感受到她话语背后的独特个性。

李小琳之所以备受关注，还因为她有位当过中国国务院总理的父亲。媒体采访几乎都离不开这样的问题：你认为是什么原因让你坐到今天这个位置？这其中有家庭的因素吗？

李小琳并不回避，坦率地回答：“我的成长是自己一步一步努力的成果。从大学毕业到去基层工作，从最初的技术员、工程师、科长、副处长、处长、副总裁、到总裁，我一个台阶也没有漏。一个人出生在比较好的家庭，如果没有自己的努力，只靠父辈的影响，即使给了你这个位置，你也是扶不起的阿斗！”

李小琳很自信，她说对于自己而言：“能力之外的资本等于零”。

父亲的“小跟班”

在李小琳心目中，“前辈的荣誉和业绩永远属于前辈。它可以让你感到幸福和自豪，但不会成为靠山。”每每有人提及父亲李鹏，李小琳的言语中总是充满尊敬，她眼中的父亲“意志坚定，生活有目标，做事认真，总是朝目标不断努力。”李小琳说，父母亲并没有刻意去教儿女应该怎样，但在家庭的熏陶下，他们都继承了父母的意志与品格。

李小琳 1961 年出生于北京，她自称小时候是父亲的

“跟班”，十几岁起就跟着父亲去很多电站考察。“当时中国较大的水电站、火电站我都看过，非常熟悉。”父亲头戴安全帽指挥工程技术人员施工的情景，李小琳至今历历在目。“小时候，看到父亲为中国的电力业四处奔跑，我从那时起就萌生了一个念头，长大后像父亲那样，头戴着安全帽下一线，指挥千军万马。”

李小琳跟着父亲下基层访问时，李鹏经常有意带她去当地的特困户家，指着在煤油灯下刻苦学习的孩子给女儿看，教育她要珍惜良好的学习环境，努力学习。

在女儿心中，父亲李鹏是一个非常爱学习的人，即便到了晚年退休以后，也没有停止学习。“父亲参加工作前，就开始每天坚持写日记。退休以后，他准备把这些日记分门别类，分10个不同的类别陆续出版，现在已经出版了好几本。”李小琳说，整理资料和写作，占去了李鹏大量的退休时间。“有时我回家，看到父亲还在伏案工作，很辛苦。很多事情，他都喜欢亲力亲为，比如坚持自己上网、自己打字。他希望自己能够健康，能够看到未来改革开放的新成果。”

身体好的时候，李鹏还常常在家里看书，锻炼身体，尤其喜欢游泳。每每谈及父母和家庭的熏陶，李小琳脸上总是洋溢着幸福。在父亲的感染下，李小琳也一直坚持写日记。“我把每天点点滴滴的感悟、思考记录下来，把自己所做过的工作、在各种场合的发言和讲话，以及接受媒体访问的内容和各种来信，都一一收集起来。”李小琳曾辑录成多本自编的《心路历程》，“闲时经常翻阅这些东西，每次看都很有成就感，也能自省自励”。

李小琳感到很幸运，她有一个和睦的家庭，“给人的感觉总是暖暖的”。上一辈和谐的婚姻，也影响着她的生活。“母亲（朱琳）有着远大的理想，她是哈尔滨工程学院的高才生，曾做过电影演员，但她的理想就是像‘苏拉’一样给大多数人谋幸福。母亲是充满正义感的女性，非常率直、无私，我的直率、有爱心等好多秉性，就是受母亲的影响。”

“母亲和父亲相互敬爱，几十年如一日。母亲每天会给父亲准备常规吃的药。他们一起吃饭，一起看电影，一起讨论事情。有争论的时候，爸爸让妈妈多一点，而妈妈承担家里的责任多一点。”这种家庭氛围延续到了李小琳的小家庭，她说：“我非常庆幸自己有一个和睦的家庭，有一个兄长般的先生和一个朋友般的女儿。”李小琳强调，自己是公众人物，她愿意承担这份责任，但不希望她的亲人承担这些，不希望社会关注他们，“我希望他们能过安静、健康、自然的生活”。

一盏煤油灯与一辈子的梦想

因为身上永远贴着“李鹏之女”这样的标签，李小琳总被“高干子弟”，“大树底下好乘凉”这样的观念所笼罩。而一位了解李小琳的朋友告诉记者：“如果没有这个特殊的家庭背景，靠李小琳的才华和工作能力，说不定她能收获得更多。”

李小琳听到这些议论，笑了笑，说：“的确，我成长的家庭大家都知道，每个人的成长其实都与家庭和社会分不开，家庭对于一个人很重要。我出生的这个家庭给我更多的是精神层面的影响。”李小琳向记者回顾了她的成长历程。

“父亲的良苦用心没有白费，我从小学习就非常刻苦。”李小琳从少年时期就表现出良好的组织和管理能力，学习成绩优异，一直在学校担任班长、大队长、团支部书记等职务。“那时候父母工作忙，我 13 岁就开始当家里的账房先生，父母的工资都交到我手里，我来管一日三餐。”李小琳开心地回忆。

可能连李鹏也没有想到，他带着女儿看贫困孩子学习的情景，点燃了女儿的梦想。“那时候农村还没有电灯，用一个铁皮罐头壳和一绺延伸在外的棉线做成的煤油灯来照明。就是这盏破旧的煤油灯，让我产生一种强烈的使命感，长大以后要把光明撒播到每一个黑暗的角落。这也是我后来学习电力专业，从事电力事业的初衷。”

1988 年，李小琳获得清华大学电力系统自动化专业硕士学位。她在电力技术学院当过老师，在华北电力公司当过调度员、技术员、工程师，之后又调入了能源部。身为能源部国际司经贸处副处长，她有机会和世界各地的优秀管理者接触。“从一个单纯的技术型工程师转变成懂技术善管理的复合型人才，我发现自己急需‘充电’和知识更新。”第二年，李小琳有机会考入了联合国一个援助项目，去美国麻省理工大学斯隆商学院学习管理。据资料记载，斯隆商学院的名气和影响力一度超过了哈佛商学院，克林顿在担任美国总统期间所倚靠的经管智囊团成员，多半出自这里。“我倍加珍惜这次学习的机会，那两年成为我企业管理的新起点。”两年后，李小琳感叹自己如同脱胎换骨，后到电力部工作的她，做了经贸处处长。

“海归”后不久，李小琳从一个文件中发现，境外有人想利用中国电力行业的概念做基金。这种在国外投资领域俗称“炒概念”的伎俩，被李小琳识破了。她马上给当时的电力部长呈报告：“国家发展需要电力先行，但尚缺资金，资金缺口至少2000个亿，建议在境外成立一个受法律保护的规范的公司，即成立‘正规军’，把国际上大的基金、财团吸引到我们这里，参与中国的电力建设。”李小琳的建议得到了电力部的肯定，她被抽调组建中国电力国际有限公司，并担任筹备组组长。

回顾那段经历，李小琳坦言：“当时有独上高楼的茫然，你去做，却不知道怎么做，在未知中寻找出路。”她没有想到，这条路自己闯了整整10年，经历了“一波三折”。“一波”是在成立公司时，虽说建议被采纳了，但从和国家各个部委打交道，到最后确立去香港成立公司，差不多用了两年时间。而所谓“三折”，是之后找境外资金投入电力市场，中间有3次时机，却都因为观念、政策等因素一次次错过。第一个上市的时机是1997年。那年香港回归，香港股市上的中国概念红筹股很火。但资产“零利润”注入，却让上市成了没有依托的幻想。错失机会，李小琳立刻寻找第二次时机。她提出引进战略投资伙伴，然后再上市。从做好方案到报批，转眼到了1998年，一场金融风暴，又让上市泡汤了。李小琳说：“当时，我们的资产负债率已达到96%，这是个非常危险的财务状况。”她与同事们一起穿梭于香港各大银行之间，调整债务结构，化险为夷。眼看第三次机会到了，然而又因为企业根基不牢，还是没能上市。

直到2004年10月15日，中电国际旗下中国电力终于在香港主板市场上市交易。那时，香港各大媒体刊登的一幅照片中，被昵称为“红衣美人”的李小琳正在接电话。接电话的那一刻，正是李小琳进入香港联交所的前一分钟。电话里说，李总，今天大市不好。李小琳镇定自若地回答，“基于我国的经济形势，基于我们电力的形势，基于我们母公司强有力的支持，我们一定会给股东一个满意的合理的回报!”说着，李小琳举起了手。香港报纸把她这个手势解读为“股市升”的好彩头。那天在大盘唱跌的情况下，中国电力升了17%。

奶奶对全家影响深远

10年中，李小琳在中电国际内部一直有很高的声望和影响力。“老总是个宽容的人，很讲究团队的和谐，其实是刚柔相济，尤其是遇到困难时，更能感觉到她的刚强和执著。”中电国际的一位员工这样评价李小琳。

“一个企业的正常有效运转，有两条纽带发挥作用，一是产权制度纽带，另一个就是精神文化纽带”，李小琳说，世界著名的“长寿公司”都有一个共同特征，就是他们都有特色鲜明、积极向上的企业文化。

李小琳提出“静水深流”的和谐管理理念。在她看来，水是天地万物之源，“水归于静、沉于思、流于恒。静水深流既是做企业的一种境界，也是为人的境界。人生就好比一个锯木的过程，没有慢慢锯的过程，就没有最后‘咔嚓’木断的一声。”她说自己也是一点一点锯过来的。

李小琳说，“企”字无人则止，员工既是和谐企业的主体，又是“和谐”的创造者，只有企业与员工和谐了，其他方面的和谐，才有根基和依托。

一次，一位朋友向李小琳诉苦：买了一堆名牌衣服，但穿出来总感觉不对，希望能给点建议。李小琳听了，微微一笑，告诉朋友：服装本身没有问题，关键在于搭配是否协调。于是，她与朋友交流了一些穿衣打扮的小窍门。朋友受到启发，穿着打扮的效果好了许多。

李小琳说，企业的领导团队建设似乎也有这样的问题。“我们有许多优秀的管理人才，如果搭配得当，结构合理，各司其职，这股力量将是1+1＞2，反之，如果搭配不当，结构不合理，则可能出现1+1＜2，甚至1+1＜1。作为现代企业，我们需要优秀的个体，更需要集体的最佳结构组合，其中的关键就在于搭配的艺术。”

在李小琳心目中，“好的企业文化就像一本‘真经’，能让你的团队有思想的认同感和责任感，能给工作以意义，给发展以动力。”

其实，李小琳能够将中国传统文化用于企业管理，也源于家庭的熏陶。李鹏的父亲李硕勋，是一名革命烈士，1931年8月因组织琼崖游击队军事会议而被国民党密探逮捕。在狱中，他给夫人赵君陶写下遗书，以平静的心态从容就义。他的夫人赵君陶，后成为我国著名的教育学家，博览群书，志趣高雅。

至今，李小琳还记得奶奶坐在院中，用四川话给她讲故事的情景。“北京那小小的四合院，被奶奶装扮得永远芳草萋萋、枝繁叶茂。奶奶的故事特别多，我觉得很有趣，问她：‘您怎么知道这么多故事?’奶奶指着桌上的《资治通鉴》说，‘在这里面呀，你翻一翻。’”李小琳趴在厚厚的《资治通鉴》上，又不认识那么多字，奶奶便在桌上放一本《康熙大字典》，教她查字典。李小琳说：“奶奶是一个极富文学素养和文化底蕴的女性，她在我心灵中播下了中华优秀文化的种子”。

在奶奶的影响下，李小琳从小就爱读古书，包括中医方面的书籍，谈起《易经》、《黄帝内经》等典籍，她娓娓道来，兴致颇浓。“从《诗经》、《楚辞》到唐诗、宋词、《资治通鉴》、《古文观止》，我都有所研读。直到今天，《桃花源记》、《岳阳楼记》等许多名篇，我还能够背诵。”

赵君陶晚年喜好书法，写得一手隽永娟秀的“赵”体字，气韵生动、形神兼备。受奶奶的影响，李小琳一直偏爱繁体字。翻看李小琳的书法，架构清奇，娟秀中透出一股英气，这也是奶奶留给她的最珍贵遗产。

李小琳说：“爷爷28岁慷慨就义前，给奶奶留下家书，嘱托她好好抚养子女，把他们培育成才。奶奶果真没有辜负爷爷的重望，如今不仅儿孙满堂，并且从爸爸到我们，个个都有所作为。”

女强人首先是女人

李小琳是个懂得内外兼修的知性女性。对于人们将她看成是标准的“女强人”，李小琳说：“‘女强人’首先是‘女人’。是女人，就要重视女性美。”

之前，记者曾听很多人描述过李小琳，年轻、漂亮、爱美，从首饰、服装到手袋，都十分考究。李小琳笑着解释她对“美丽”的理解：“我觉得美丽应该是美丽加能力，也就是‘美力’。女性能否拥有‘美力’，最终还要依靠自己。其实我的衣服没有什么名牌。我平时工作很忙，经常在开会的时候看到住的酒店里有合适的衣服，就买下来。说到化妆，我平时基本上都会化妆。保养其实没有什么秘诀，我相信‘相由心生’。”

李小琳对女强人的“强”，也有自己的理解，她说那不只是刚强之“强”，还应该是柔韧之“强”。“正如水的屈伸、水的刚柔之道，百折不挠。人的一生当中，没有谁能保证一帆风顺，都可能起起伏伏，我们要学会微笑地去接受每一件事情。我一直认为女性在尊重人、理解人、宽容人、沟通与悟性几个方面有独特优势，韩国女子大学就有‘用温柔改变世界’的信条。而这些，恰恰是一切优秀的管理者不可或缺的素质。”

李小琳有个业余爱好是登山，她说，做工作、干事业也像是登山，不过那是无形之山，征服它们需要更大的勇气和毅力，远比登自然之山艰难得多。

“跋山涉水行大道，精进深耕不辞劳。俯首甘为孺子牛，扭转乾坤数英豪。”这是采访结束后，李小琳送给记者的一首小诗。记者知道，她是属牛的，2009 年恰好是牛年。牛的忠诚、踏实、勤劳、奉献精神，正是李小琳所崇尚的。这位女性正以牛的孺子精神鞭策、激励自己，以新的姿态昂然奋进在人生路上……

点评：

“人人都可以成才”，是科学人才观的重要内涵。什么是人才？人才就是品德高尚、掌握知识、能力较强和业绩突出的人。以此来衡量，就不能唯学历、不能唯职称、不能唯资历、不能唯身份，做到不拘一格选人才。在人才培养中，要自觉地按照促进人的全面发展与推动社会全面进步的要求，大力营造有利于人才成长的体制、机制和环境。只要具有一定的知识、技能，能够进行创造性劳动，为社会作出积极贡献的人，都是党和国家需要的人才。正如邓小平同志所说的，“衡量一个人是否是人才，关键看这个人实绩如何”。要充分尊重人才的个性，按照各类人才的成长规律和不同特点去识别、选拔和使用人才，使各类人才都有施展自己才华的机会，都有充分发挥自己聪明才智的空间和舞台。要努力形成谁勤于学习、勇于投身伟大实践，谁就能获得发挥聪明才智的机遇，就能成为对国家、对人民、对民族有用之才的社会氛围，从而创造人才辈出的生动局面。

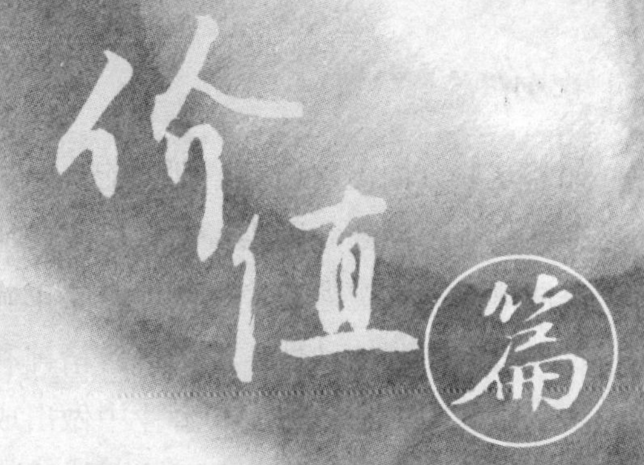

很多人可能常常会问或思考这样的问题：我生活在这个世界上，与国家、社会、学校或单位、家人以及他人的关系是什么样的？我对他们有什么用？能为他们做什么？他们需要我吗？他们又是怎么看待我的呢？这些就是关于人生和人生价值的问题。人生价值是人的生活实践对于社会和个人所具有的作用和意义。上述关于人生价值的问题也可说成是“为什么”和“怎么做”的问题，即为什么活着，怎么做得更好。作为成年人，

我们除了享有自身权利外，更重要的是我们已经到了还要承担义务和责任的年纪，命运也基本上掌握在自己手中。我们该怎么做呢？往大了说，要有理想信念，要爱自己的祖国，把自己的志向和追求与国家的命运和前途联系起来，为国家的建设作贡献，为社会发展尽力量。往小里说，我们每个人都可以通过自己的努力奋斗，实现自己的梦想：个人事业发达，生活幸福美满。得到社会的认可和他人的赞许，使个人人生价值得以最大化体现。当然我们还要有正确的世界观、人生观和价值观，

如若这些方面出现偏差，则可能走向歧路。人的一生几十年中会遇到很多问题和困难，在顺境时要能把握住机遇，成功后也要清醒冷静，遭遇逆境和坎坷时要正确看待，勇敢面对，充分发挥人的主观能动性，发扬拼搏精神和创造性，克服和战胜一切艰难险阻，在工作上和事业中做出成绩和成就。

本篇在以下五个方面列举了一些典型事例供大家阅读参考，他们都是在本行业里做出了一定成绩的人或团队（其中主要以电力部门事迹为主），他们也有着共同的特点：热爱祖国、拥护党的领导和社会主义事业、信仰马克思主义，遵纪守法，有理想、爱学习、勤工作、敢创新。是值得我们学习借鉴的楷模和典范。国家要求大学生成为“合格建设者，可靠接班人”。即知识技能过硬，政治觉悟高。我们要成人、成才，就要学好本领、坚定信念，在各个行业和岗位上扎扎实实工作、一步一个脚印前进，建功立业，为国家、为社会作出自己应有的贡献。

知识力量

英国哲学家培根说，知识就是力量。知识也是引导人类社会进步、走向光明的灯塔。邓小平同志也说过，科学技术是第一生产力。近代工业革命以及20世纪80年代开始的新技术革命都说明，科学技术是生产力发展的倍增器。谁掌握了前沿的高新核心关键技术，谁科技创新实力强，经济与社会也会快速发展。当今社会也是信息化社会，知识更加显得重要，因此，我们一定要在刻苦学习积累大量知识的前提下善于运用于工作实际，不断更新知识结构，在做好本职工作实践的同时要敢于创新，跟上时代发展的脚步且能领先于时代。

案例1

科技创新的领跑人

阮羚，湖北省电力试验研究院高级工程师、中国电机工程学会高级会员、国家电网公司工程技术专家、湖北省有突出贡献的中青年专家、湖北电力实验研究院首席技术专家。他在国内同行中有良好的口碑和较高知名度，在所从事的电气一次设备检修和调试、故障分析、诊断及试验研究领域有独到的创新和贡献。他带领高压所专业技术人员克难奋进，于2007年获评“国网公司高压电气设备现场试验技术实验室”，在电气设备故障检测和试验研究与实践应用方面，走在了全国同行的前列。

现被国家聘为全国和电力行业旋转电机标准化技术委员会委员、中国电力建设专家委员会专家、中国电力建设工程质量监督工程师。近年主持或作为主要起草人参与了9项国家级行业技术标准的编制。作为课题负责人，承担的重要科研项目已累计17次获得省、部、网省公司各级科技进步奖（其中获省部级一、二、三等奖各一项），获得一项职务发明专利。其中经过八年艰苦努力完成的“发电机转子匝间短路运行监测方法研究及应用”，解决了当前国内外关注的一项技术难题，使我国在此领域的研究走在了国际同行的前列，已为国家创造了巨大的直接经济和社会效益。

阮羚同志多次担任国家电网公司500kV交、直流输变电工程和300、600MW发电工程的调试负责人，取得较好的工作业绩并积累了经验，在公司同行中有较高的知名度。他积极参与国家电网公司特高压相关技术工作，并在特高压标准及规范的编制、主持特高压示范工程荆门站HGIS监造、现场特高压设备的特殊试验工作方面成绩突出，而广受好评。

作为主要撰写人之一，多次参与全国、华中电网公司、省公司专业技术培训教材的编写与宣讲；华中网及省公司高电压技术监督条例和“国网公司18项重大反事故措施实施细则”的制定和宣贯。在公开核心期刊上，发表了多篇学术论文和技术总结，已累计5次获得全国、湖北省、中南八省区、华中电网各级“优秀论文”奖。

他长期担任电网技术监督专责工作，能一贯任劳任怨地勤奋工作，长期工作在生产一线，深入到最基层班组，同一线的工人师傅们共同探讨和研究，常常在节假日和工人们一起加班熬夜，与他们建立了深厚的感情，被各发、供电单位的同志们亲切地称为“荣誉职工”。

从2003年至今作为项目负责人，支持完成了国家电网公司的江陵—兴隆、江陵—益阳、玉贤—孝感、宜都换流站—江陵、三峡右岸—江陵、江陵—兴隆等6个500kV输变电工程调试工作；主持并完成了多台换流变压器，GIS等主要大型设备的特殊试验；负责并圆满完成三峡—上海直流输变电工程的宜都换流站交流接入系统及站系统调试；主持完成多台300、600MW发电机组电气工程调试；负责并组织实施国家电网特高压交流示范工程荆门站特高压HGIS、变压器的监造；现场特高压设备的特殊试验工作。

经组织多年的培养和锻炼，阮羚具有较强的解决现场疑难问题的能力，作为技术负责人，多次较好地解决了电网高压电气设备在制造、调试及运行、检修、故障分析及处理、试验检测等方面，在全省乃至全国具有重大影响的技术难题。他所负责完成的工作屡受好评，其中：

(1) 在2006年投产的三峡—上海±500kV直流输变电工程项目中的工作，任宜都侧换流站500kV接入系统及站系统调试负责人和现场总指挥，整个宜都换流站的站系统调试工作，创造了目前国内最高效率，受到国网公司有关部门和领导的表扬。国网建设公司的慰问信中强调：“开创了中国直流工程建设史上的新篇章，是一个奇迹。”

(2) 2008年被委以重任承担特高压试验示范工程荆

门站的 1000kV 设备的现场特殊试验现场试验负责人，他和同志们通过自主创新和开展科技攻关、周密部署、团结拼搏，顺利于 2008 年 10 月不负众望，高水平、高质量完成了世界首例特高压变压器的现场特殊试验，使我国在该领域走在了世界同行的前列，为交流特高压示范工程特高压变压器关键试验的顺利完成做出了重大贡献，再次为湖北省电力公司争得殊荣。

(3) 于 2005 年，针对“三峡—上海±500kV 直流输电工程”，由外方直接供货的设备较多，其设备及系统检验中外双方无统一标准规范，受到国网公司委托，湖北省电力试验研究院负责编制了“三—沪直流输变电工程设备检查与试验、分系统试验、站系统试验项目”。有效指导了整个“三—沪直流工程”宜都和华新换流站设备及分系统试验的顺利开展，为确保“三—沪直流工程”设备试验的质量和工期，作出了重要的贡献。

(4) 2005 年受三峡水力发电厂的邀请，针对该厂第一台发电机组投运以来一直无法准确检测发电机绝缘电阻的问题，受三峡电厂委托展开分析研究及试验，查明了原因，并提出了针对性措施，实现了对各型发电机绝缘电阻的准确检测。解决了 ABB 公司和西门子公司发电机制造商均未能解决的技术难题，而深受各方好评。

(5) 2007 年在“三峡右岸—江陵 500kV 输变电调试”工程中，受到国网公司委托，组织对我国第一台 500kV 可控电抗器的现场局放试验的方法进行研究，成功地实现了现场的局部放电试验。使我国在该领域走在了世界同行的前列。

他在各级组织和领导的重点培养下，在各方面不断进步和成长，近年的工作受到各级组织和领导的肯定，先后被湖北省、华中电力集团公司、湖北省电力公司、湖北省电力试验研究院授予多种荣誉称号。

阮羚同志不仅一贯谦虚谨慎，而且他始终真切地认识到，他个人的每一个进步和成长都是组织上培养和前辈们精心帮助指导的结果。同时也深切地感受到，企业将一个普通的青年培养成能独立工作的员工所付出的巨大成本，我们的前辈们为培养我能在专业技术上不断进步所付出的心血和承担的巨大风险。所以他在日常工作特别是作为项目负责人时，倍感压力，因而在工作中，一贯能严于律己，勇于承担艰苦和有难度的工作，为组织分忧。多年来确实能做到在取得成绩和为现场及时解决重大疑难问题后，从不提任何个人要求。总是不断努力提高自己的思想觉悟和理论水平，丰富现场实践，力争在取得良好工作业绩的同时，努力自觉地培养自己良好的职业道德，争取成为一位称职的且深受现场欢迎的科技工作者。

点评：

阮羚毕业后在基层普通工作岗位上默默无闻地工作了 20 年，通过努力，他和他的团队终于取得了众多的科研成果，攀上电力的“世界脊梁”、“珠穆朗玛峰”。他被评为“感动湖北电网十大人物”。在湖北省电力试验院的一面小墙上，寥寥数语彰显着阮羚领导的团队实力：26 人的高压所，有 6 位享受国务院特殊津贴，3 位是省政府专家，4 位是国家电网技术专家。这么高的专家密集度，全国绝无仅有。我国现在常被称为

“世界工厂”，是制造业大国，很多产品的产量都居世界第一或世界前列，但我国还不是制造业强国。国电公司也连续进入世界500强之列。要成为制造业强国，就必须重视研发，加大投入，掌握核心技术，并通过创新走在世界前列，所以我们既要大更要强。阮羚的事迹告诉我们：只有通过科技创新才能更好地推动产业（企业）发展。要成为世界科技强国，就需要更多像阮羚一样献身科研事业的专家。我们要学习阮羚长期深入生产一线，勤奋工作、刻苦钻研，在自己的平凡岗位上也能作出业绩。

案例2

把理想与学识融入钟爱的事业

廖自强于华中科技大学电力系统及自动化专业毕业后，2003年又获得武汉大学计算机专业研究生班的硕士学位，1988年分配到武汉电力职业技术学院，现系学院电力仿真培训中心高级工程师，变电仿真培训工作负责人，从事火电厂、变电站仿真培训及仿真机的开发工作，取得了国家劳动保障部与中电联颁发的电力行业仿真培训指导教师合格证和高级指导教师资格证。2000、2006年连续两届被学院授予“职业技术教育专家”称号。

廖自强忠诚党的教育事业，工作上认真负责，在业务上精益求精，有着高度责任感和正确的世界观、人生观、价值观，把自己的全部精力投入到变电运行培训与开发工作中。

从1994年开始进行变电仿真培训以来，廖自强经常深入到变电站，收集资料，分析案例，跟班学习。积累现场工作经验，丰富的现场知识和深厚的理论功底，精彩的现场实际案例分析，和蔼严谨的教学态度，使他的授课得到了培训学员的赞扬。每到课间休息，他的身边总是围满学员向他请教现场中遇到的问题，还有许多学员来培训之前知道是廖老师上课，就在家把问题疑问列出清单，上课时来问。十四年变电运行仿真培训工作，为湖北省电力公司系统内培训了变电运行值班员近万人次。

为了能更好地把培训做到实处，更好地把自己所掌握的学识传授给运行人员，他利用工作间隙和休息时间，编写了《变电运行事故分析及处理》、《电气运行》教材，2004年在中国电力出版社出版，在变电运行人员中得到了好评，并多次印刷发行。为配合培训，廖自强同志做了许多电脑课件，毫无保留地拷贝给学员。廖自强同志执著地选择了电力仿真培训这一科研领域，无怨无悔地把自己坚定的信念和学识融进了钟爱的事业中，为电网安全运行做出了一定的业绩。

在仿真机的开发工作中，廖自强充分发挥自己的专长，深入到电力企业了解现场设备特性，精心制定开发方案，克服个人困难，保证了仿真机的开发质量，在科研工作中起到了很大的作用。在仿真机培训中心十多年的工作中，作为主要研发人员，参加了学院首台“220kV变电站仿真机”、“300MW分散控制系统火电机组”的开发，获得湖北省电力公司“科技进步一等奖”、华中电网公司“科技进步二等奖”、第三届全国电力职业技术教育优秀科研成果一等奖。

作为项目负责人，与湖北省超高压输变电公司合作开发了“500kV 变电仿真机”项目，获得省电力公司“科技进步一等奖”，华中电网公司“科技进步二等奖”；“500kV 综合自动化变电站仿真系统”获得湖北省电力公司“科技进步二等奖”；在学院下达的“600MW 超临界火电机组仿真系统”开发项目中，作为该项目负责人，他不仅主持了整个项目的研发，还承担了电厂电气部分的仿真开发工作，为该项目的顺利开展作出了很大的贡献，此项目被湖北省列为 2005 年重大科研项目。

成绩证明了过去，在电力技术不断更新的现在，廖自强同志仍然在不断探索和追求。2008 年，国家电网公司下达了 1000kV 特高压实验示范工程变电仿真培训系统开发项目，廖自强同志作为技术负责人积极投入到开发工作当中，为收集资料，他克服家庭困难，奔波于设备生产厂家和设计院，精心设计技术方案，努力为国网公司特高压建设作出贡献。

在 2005 年中电联组织的全国电力行业仿真基地评估中，因在电力仿真培训和管理工作有突出表现，廖自强被中电联聘为考评专家成员，参加了基地考察和评审工作。由于廖自强在职业技术教育工作中成绩突出，2006 年元月份参加电力行业仿真培训指导教师技能竞赛中，取得个人三等奖，为湖北省电力公司、学院赢得了荣誉。

点评：

我国的高等教育发展很快，每年参加全国统一高考的人数、招生人数、在校大学生总量、毕业生数量以及全国大学的数量和规模等方面均居世界第一，使更多的人圆了大学梦，有了施展才华和抱负的机会。大学也为国家建设和发展提供了各个方面所需要的人才，促进了经济、社会、文化、科技等方面的发展与进步。大学输送到社会上的毕业生，一方面是有扎实理论素养并具备科研探索素质的研发型人才；另一方面是具有一定理论知识和技术专长、实际操作能力较强的较高素质员工。国内很多高职院校培养的就是后一类人。高校不仅要搞科研、出成果，也要培养合格的大学生。武汉电力职业技术学院的廖自强老师在科研、教学上都很出色并荣获了“湖北省电力公司2008年度劳动模范”的称号。我们应以他为榜样，一方面学好理论知识，一方面掌握好的技术，在学习、工作中探索创新，取得更好的成绩。

案例3

精彩人生

吴瑞军，41岁，中共党员，1983年到黄龙滩水力发电厂工作。从青春少年到中年，从黄龙滩电厂到柬埔寨王国基里隆水电站。吴瑞军始终奉献在水电厂运行一线。他从一名学徒工，成长为水电站运行专业的行家里手。20多年来他在平凡的工作岗位上，数十万次巡检和操作，确保安全。他技术过硬，工作出色，先后被评为厂先进生产积极分子、工会工作积极分子、文明建设标兵和安全生产4000天标兵。他所带领的班组还获得了厂、省电力公司

“一流班组”、“十堰市五一劳动奖状”、省“青年文明号”等荣誉。2007 年，他个人也被评为湖北省电力公司“文明建设积极分子”。

吴瑞军抓住一切可以利用的时间，反复熟读运行规程。他一次次在现场熟悉设备，查阅图纸资料，向经验丰富、技术过硬的老师傅请教。由于他勤学好问，踏实肯干，师傅们无私地将技术传授给他。多年来，光记下的笔记本就有十几本。

电厂运行巡检制度规定每班巡检两次设备。可是他巡检的次数和时间远远高于规定。他在巡检中，通过眼看、耳听、手摸、鼻嗅，从一般人很难分辨的细微变化里，他能熟悉准确地判断出设备的异常运行状态，及时采取应对措施。

为进一步提高水电厂运行技能和理论知识，1986 年他考取了湖北电大电力系统及自动化专业，通过几年的刻苦学习，取得了大学文凭。2000 年他被黄龙滩电站聘为水轮发电机运行专业导师；2001 年获得湖北省电力行业电气运行技师资格；2002 年在湖北省水电厂高技能比武中荣获二等奖；同年获得国家质量认证培训中心质量体系内审员资格，并被吸收为中国水力发电工程学会会员；2003 年获得省职业技能鉴定指导中心电气运行专业考评员资格；2004 年经国家电网公司专业技术资格评审委员会评审通过，取得电力工程师专业技术资格。

2004 年，运行分场被定为黄龙滩电厂推行绩效管理和竞争上岗的试点单位。为了制定绩效管理和竞争上岗制度及考评细则，吴瑞军查阅大量专业书籍，认真分析运行岗位职责及工作内容，制定出了一套切合实际，操作性强的绩效管理制度和考评量表，在每月的绩效考评中进行打分和评价。起初，被考评的人员不理解，说他是一个喜欢在“鸡蛋里挑骨头”的人。他始终没有一句怨言，耐心细致地与每位被考评者进行沟通，反馈他们工作中的成绩及不足，顶着各种压力积极推行绩效管理工作。经过一段时间探索，有效地调动了运行人员工作的积极性和主动性，推动了黄龙滩电厂绩效管理工作上新台阶。

2005年初，黄龙滩电厂扩建工程即将投产发电，为了顺利接管2台170MW新机组，他带领运行人员参与新机组调试，即要编写《新机组试运行规程》，还要负责对运行人员进行技术培训，做好启动试运行各项工作，并负责对运行分场班组进行管理。由于时间紧、工作量大，运行人员严重紧缺，如何保障老机组的正常生产与新机组启动试运行顺利进行，成了运行分场当时工作的重心与难题。吴瑞军为收集第一手技术资料，在设备调试安装现场，经常一站就是十几个小时，不厌其烦向厂家技术人员了解设备性能，提出改进意见。在设备安装、调试期间，组织厂家技术人员给运行人员进行现场讲解。通过扎实高效的技术培训，实现了新机组的“无缝隙交接”。

2006年，40岁的吴瑞军毅然辞别爱人和年幼的女儿，奔赴柬埔寨王国基里隆水电站从事商务运行工作。

吴瑞军在柬埔寨工作期间，经常到厂房巡视检查，保持值班场所及各处设备的清洁卫生，利用业余时间组织值长们完善了机组设备标识，使生产现场安全设施达到规范、统一。他多次正确处理过柬埔寨电网瓦解事故，及时发现处理了2号机折向器抽动振荡异常、系统频率过高异常、球阀压油装置检修密封管路漏水、上位机1号工作站掉电等重大设备缺陷，保障了机组的安全、经济运行，得到了业主及柬方的一致赞扬。

点评：

吴瑞军作为优秀的水力电厂工作人员，从学徒工做起，通过不断的努力工作与勤奋学习，在工作实践中摸索，在理论学习中提高。不仅是自学成才，还有工厂里好的学技术的氛围，师傅的传帮带，加上自己的探索，发现和解决问题的能力更强了，成为行家里手。

当前我们国家就是需要一大批像吴瑞军这样既有技术能力，又肯钻研理论并敢于创新的产业工人，而且成为一个群体。他们有觉悟，把自己当作企业的主人。这样的话中国才能成为产业强国，我们常强调的产业结构调整、升级、转型、换代就有了技术和人才的保障。有了众多这样的人才，掌握了先进的技术，企业才更有竞争力。这就是吴瑞军的典型意义，他也荣获了“湖北省电力公司2008年度劳动模范”称号，并登上“风采录”。

案例4

战斗在法国

为抗议藏独分子及法国有关方面对2008年北京奥运圣火在巴黎传递受阻挠事件，留法中国学生及华人决定于

2008年4月19日在巴黎集会。集会约持续四个多小时，前后有上万人参与活动。大家在会场上喊口号、唱国歌、挥舞国旗，很多同学穿着印有红色中国版图和国旗的白T恤，脸上也贴有国旗。有同学演讲、发宣传单，也有同学骑自行车举国旗在会场周围骑行，有的同学在街旁水池边不断挥动国旗，其他同学大声欢呼。整个活动守法而有秩序，有个别藏独分子想闹事也未得逞。会后学生们清理现场，连烟头都捡干净了。现场报道有法国多家大电视台、报社和日本两家电视台等媒体。

有许多法国民众当场表示支持北京奥运，并拿取传单和五星红旗，还有几名台湾女生也过来参与活动。

傅杰妮是北大毕业的，曾留学美国哈佛大学，她上过法国电视台参与辩论，讲述作为中国人的自豪和感受，澄清法国媒体的误解与偏见。傅杰妮说："我们的活动是一个很理性、和平的表达，我们展现我们的历史文化，传达我们的声音，表达我们的不满，告诉人们，让媒体反思，尽管这不可能一次就达到。这次活动只是一个开端，代表未来社会新生一代的中坚力量，表达我们的声音。"张明兴在法国读硕士，他在现场读了给法国总统萨科齐的公开信。

李洹被留法学生奉为"英雄"。他曾在街头用流利浑厚的法语演讲。博得许多法国人和留学生赞许，被法国电视台报道并在法国电视二台发表了痛快淋漓的讲话。他今天特地从里尔赶过来并上台发言。在接受中国媒体采访时，他忍不住热泪盈眶，旁边许多人也跟着哭起来。

下面是李洹法文演讲的全文译文（略有删节）。

女士们，先生们，亲爱的中法朋友们，你们好！

我想首先感谢巴黎人民和巴黎市警察局给了我们今天这次机会让我们聚集于此。这是罕见的一次，也是欧洲和法国历史上最大的华人集会。

我想代表从其他的城市，乘坐大巴、火车和汽车，从几百千米以外自费赶来的朋友们说几句话。很多朋友没有能与我们相聚于此，但是我想替他们表达他们与我们一样的对中国、对法国、对法国人民，以及对中法友谊的关注。

在这次对中国的妖魔化的扭曲报道事件中，我们，全世界的中国留学生，我们感觉很痛，我们的感情受到了伤害，但是我们不怪法国人民，因为造成这样结果的责任人不是你们，而是一些不负责任的媒体和职业煽动家。

像所有行业一样，记者和媒体有自己要遵守的职业道德。媒体要求公正、客观，对所报道内容的核实，以及评论的适中。无论如何，也不能诽谤和诬蔑，没有证据地责难，扭曲事实。

在对最近发生的事情报道中，一些记者超出了他们原本的报道角色，完全变成了自认为拥有绝对真理的批判家，甚至把事件可笑地简单化。一个弱小而善良的受害者和一个巨大而残忍的暴徒。他们的角色从一开始就这样人为地被分配好了。

然后，记者们找寻各种方式和手段来证明这两个角色。比如说，选择性的阐述历史，认为中国的革命对中国不可分割的一部分是“侵略”，而故意不说95％受煎熬的藏人的黑暗的政教合一，把尼泊尔的警察当成是中国警察，用几十年前的照片来说今天的事情，传播根本没有验证的信息，比如根本没有可信度的所谓死亡人数，以及选用一些别有用心的人的口述。

那些外国游客的描述，和他们拍到的视频让我们看到暴徒对无辜路人进行令人发指的暴力，没有一个媒体说这是对无辜者的施暴。更有甚者，一些不负责任的媒体制造并强迫人们接受一个根本没有任何可信和公正证据的“血腥镇压”的假设。

媒体很少邀请中国人在节目中阐述他们的观点，即使有也是把他放在被告的位置上，而另一方的则是在数量上几倍于他的“法官”。是的，你可以批评中国政府在一段时间里不允许记者入藏，但是不能捏造不知道的事情。

这种处理西藏暴乱信息的方式，是一种媒体暴力，一种意识形态的欺骗行为，一种话语权的霸权，一种扭曲事实的宣传，一种无耻的欺骗。

首先受害者是法国人民，他们是多么的具有怜悯心和博爱，他们相信媒体，可不幸的是，他们被操纵和欺骗了。

西方的信息模式本来还是人们的一种效仿模式，它现在不再是了。没有人有权力操纵大众舆论，不能在中国，也不能在世界上任何地方。这是在所谓言论自由模式中的另一种压制言论自由的方式。

还有一些作为法国精英的政客的思维惰性，让我们无比震惊。

所谓人权，对某些人来说是圣战的号角，和一切有政治目的不负责任的煽动的盾牌，比如说对于罗伯特·梅纳尔（“无疆界记者”组织主席）。为什么此人在关塔那摩监狱里的酷刑不断重复、在伊拉克人被美军士兵侮辱的时候消失了？这是不是一种选择性的失明呢？

联合国教科文组织终止了对“无疆界记者”的支持，在一份公告中，联合国教科文组织解释说，无疆界记者多次在无客观所言地报道某些国家的过程中丧失了记者职业道德。

为什么呢？

从互联网上，同时也是我们的罗伯特先生承认的信息中，我们了解到“无疆界记者”的财政支持是源于一些与美国中央情报关系密切的组织。

我们，海外的中国学生，我们很心痛，我们的感情受到了伤害，但是我们并不怨恨法国人。

我们是两个截然不同的世界之间经验与信息交换的桥梁，我们也是这场文化、思想，尤其是政治冲突最先的受害者。

在国内的中国人非常相信我们这些留学生对国外的见解。他们对于国外的认识和印象取决于这个留学生群体的感觉。

面对捏造或者说传递虚假消息的西方媒体的指责，我们这些学生中的很多人开始反击，在互联网上辩论并呼唤报道的真实性。我们都注意到，被某些媒体“喂饱了”的有些法国人对于中国有着很深的偏见。

在抵制奥运，抵制中国，所谓自由西藏的叫喊声中，中国人民对西方世界的审视和不信任正在增长。中国政府的努力还远没有达到尽善尽美的地步，说它是世界上最完善的和说它是世界上最差的同样可笑。但我们这一代，我们这些20岁到30岁的年轻人，从我们年幼时起，我们就一直生活在中国生活水平不断提高及自由度不断开放的环境中。

我们很惊讶，在这一切都向好的方面发展的时刻，在这个我们生活比以前更好的时候，国外才有越来越多的人想把我们从所谓的“世界上最大的独裁”中“拯救”出来！我想问，你们以前在哪儿？我们这些在西方求学的中国人，我们对未来充满了自信。的确，中国还有很多事情要做，而我们，我们中国人，更是对这些进步的实现有着前所未有的信心。

中国有另一种文化，另一种历史。社会学不是一种像数学精确的科学。在这方面，要成为一种“普遍的典范”有太多的变数。

来中国吧！来看看一个真实的，完整的中国，一个很多西方媒体不会展现给你们的中国，来西藏吧！用你们的眼睛来见证那个所谓的“文化灭绝”，是否这种灭绝真的存在，是否藏语正在“消失”，那些喇嘛们是不是可以自由地信仰他们的宗教，西藏人是不是比在达赖的神权统治下过得更好！和那些上了年纪的西藏人聊聊，谈谈他们永远无法忘记的“佛教天堂”。我们需要直接的交流，更多的知识交换，我们会继续对此作出贡献！

我们中国留学生支持奥运，支持奥运在中国举行，这个占人类五分之一人口的国家有资格承办奥运会。

奥运是属于谁的？奥运是属于您的，属于我的，属于我们的，属于我们大家，属于全世界的人民。这不是一场政治游戏。亲爱的政客们，反对中国的那些政治势力的走卒们，请停止你们对于奥运的污染。

中国作为东道主国家，想为全世界人民送上一份最好的礼物。成千上万的中国人呕心沥血多年，就是为了这一天。他们正敞开怀抱欢迎世界各国的人们。

当奥运圣火在世界各地传递的时候，所传达的是同一条信息，那就是欢迎你们的到来，中国人民期待和你们一起庆祝这个充满人性关爱的盛会。

当有些媒体提到，这次圣火传递失败是给中国的一记耳光。当代表着爱与和平的圣火，受到一些专门抗议者的侮辱行径时，我认为这确实是一记耳光，但不是给中国的，而是给中国人民的，给法国人民的，给全世界所有热爱奥运的人民的。

很多法国人似乎对中国有一种恐惧，这种恐惧来自于对中国的无知。这也是为什么我们希望你们可以直接和我们沟通，通过我们，热爱并希望巩固中法友谊的桥梁，来进一步了解中国。

中国和她的文化注定了我们爱好和平的本质。自秦朝统一六国后，中国从此结束了原来分裂的状态，成为一个完整独立的国家。我们便属于一个大家庭。

我认为这是一个具有五千年历史的文化的高度。这会令人担忧？但是文化是鲜活的具有生命力的。当你们在中国饭店使用筷子的时候，中国文化正向你们充分地展开它的怀抱。

妖魔化中国只会让中国人愈发远离西方世界，只会加剧人民间的距离。

请让我们好好沟通！

我们想给你们其他一个信息。我们中国留学生，非常诚恳地希望中法人民之间不要有敌对情绪，因为不管怎样这都是不理性的，也是没用的。了解两种不同文化的我们，希望成为这两国人民的一座桥梁，一个信息沟通点。我们向你们诉说的是中国人民的真实想法和感受，我们同时也会传达法国人民对中国善意的关注。请相信我，这座桥，将会前所未有的坚固，特别是在这种极度令人遗憾的现状下。

我亲爱的法国朋友们，我们热烈欢迎你们所有人的到来，甚至那些想“在北京制造混乱”（一个欧洲议会议员的言论）的人。我们将会帮助他们找到一个好的保险公司，为他们提供一种包括所有民事责任的保险。

让我们北京见吧，亲爱的朋友们！

点评：

2008 年 4 月，当北京奥运圣火在法国巴黎传递受阻时，我们知道了残疾女青年金晶护圣火的壮举，也感受到了一批留法学生的爱国热情，尤其是李洹，一个胖胖的戴眼镜的小伙子。他们有知识、爱国，代表着中国的年青一代，也是未来有希望的一代。

以前常说“80 后”（即我国改革开放后在 20 世纪 80 年代的城镇里出生并成长起来的第一代独生子女）自私、不关心国家大事等，实质上其实不然，他们知识丰富、懂电脑技术，也很爱国、有理性。如李洹在法国的演讲，还有大批青年学生在互联网上发挥的影响等。

除了在法国外，在英国、德国、美国、加拿大、奥地利、澳大利亚、泰国等国均爆发了有史以来最大规模的华人“护圣火、迎奥运”和抗议示威活动，他们人多、和平、合法，使西方各国震撼。当然，青年学生的爱国举动和激情应转化为实际行动，即学好知识、掌握技能，将来为国家建设尽力，使祖国更加富裕和强大。

这也说明我们政治教育的作用：从幼儿园到大学，从家庭到社会，集体主义、爱国主义等方面教育的长期熏陶，使大多数人有一定的政治觉悟与行为准则，而国家发展、崛起、日益强大，也使我们更加热爱她。

时代精神

在改革开放的新时期，我国社会进步，经济发展，追赶时代前进的潮流，并昂首阔步走在了时代前列。经济体制改革从农村到城市，从国企到私企，开放引进了外资技术。使我们走向世界。这些举措解放和发展了生产力，使国家实现现代化，人们开始富裕起来，中华民族的振兴，复兴必将实现。

我们确立了“一个中心，两个基本点”这一党的基本路线，提出了“建设有中国特色的社会主义”理论和全面建设小康社会目标。我们坚持实事求是思想路线，解放思想、与时俱进，求真务实。在改革创新中开拓进取、奋勇争先。当前我们要学习实践科学发展观，为建设社会主义核心价值体系、构建社会主义和谐社会、实现中华民族的伟大复兴，贡献自己的一份力量。

案例 1

求真务实勇于创新的电建人

黄建勇是湖北省电建一公司副总工程师，目前担任该公司印度京德项目部项目经理。1994年，黄建勇毕业于武汉水利电力大学电力工程系高电压专业，分配到湖北省电建一公司后，他脚踏实地，勤奋学习，刻苦钻研，锐意进取，从一个技术员，逐渐成长为一名优秀的电厂调试总工程师，一个真抓实干的经营管理者，一位求实创新的项目负责人。

激发员工积极性降低工程成本

2007年3月，黄勇建调到印度雅慕娜2×300MW机组工程当项目副经理，负责现场的全盘工作。公司担任该电站的技术指导、材料供应、汽轮发电机本体安装及调试工作，人员不多，最高峰也只有60多人。

鉴于合同的性质，黄建勇深刻认识到，在该工程建设中，若想降低工程成本，必须最大限度发挥现场职工的工作积极性，杜绝出工不出力，或少出力的现象。现场职工的能力全部发挥出来，进驻人员少了，工程成本也就降低了。

印度的用工形式特别，每个进入印度的公务人员必须3个月离一次境，6个月回国办一次签证。回国办签证的时间大约1个月左右。在这1个月的时间里，现场的工作还得继续，但每个专业的工程师及技师都只有一名，回国后必然有一些工作衔接不上。黄建勇千方百计想办法调动现场职工的积极性，促进现场工作平衡推进。

他请其他在现场的技师把回国技师的工作兼起来。技师们有点为难。一是本专业工作量大，再就是觉得有点力不从心。黄建勇一方面给他们减压，一方面就对他们说："你们都已经50多岁的人了，是要在公司养老的。你们也知道，现在是非常时期，项目部需要你们在这个时期分担责任，为其他职工树立一个榜样，也为自己留下一个好形象。"这样一沟通，老技师都愉快地接受了自己的兼项。

与此同时，黄建勇还要做一些工程技术人员的工作，帮助他们分析现状。他对一位工程技术人员说："目前交给你的这个工作比较吃力，但我会告诉你怎么做。我也会请一些老师傅们帮助你做。如果在这个项目上你做到了这一点，达到了我提出的要求。我想，你会有更大的发展空间。"黄建勇的话激起了那位工程技术人员的热情，他全身心地投入到了工作中，较好地完成了自己的本职工作。

对另一位技术人员，黄建勇说："你还年轻，不要只盯着眼前一点。现在盯着眼前一点以后会失去更多。你现在要做的是迅速提高自己的能力。"随后，黄建勇还给他看了几本书，要他好好研读，如有什么不懂的就来问自己。现在这个技术人员感到自己的能力提高多了，专业面也更宽了。

就这样，印度雅慕娜项目部职工在人员不多的情况下，在黄建勇的激励和协调下，工程建设一步步地向前快速推进。

竭诚服务业主　树立公司品牌

2007年底，印度雅慕娜工程接近尾期时，印度方要求冲转汽轮机，但根据公司工程师的检查结果，黄建勇判断，汽轮机润滑油含水不宜冲转。但印度人不干，坚决要冲，因为有高官来观看。

本着实事求是的原则，和竭诚服务业主的理念，黄建勇在坚持原则的基础上，耐心地对印度高管进行解释。他对印度高管说："在这种情况下冲转，也许不出事，但也可能出事。现在你可以给我们公司经理打电话，也可以给

SEC高层打电话。即使你给他们打电话，我从专业技术的角度判断，还是会给你们一样的结论：不同意冲转。你就是要求他们把我送回中国，我给出的结论也还是一样。”

随后，他又诚恳地对印度方说：“这个机组的寿命是25年，我最多只在这儿呆两年，两年后我就再也不会到这个地方来了。你们现在一意孤行，若出了事情，损害的是你们自己的机组，你们自己评估一下需不需要这样冒险。”

同时，黄建勇拿出项目工程师在检查润滑油滤油情况时所作的结论，和可能发生的严重后果，及多次建议印度方重新滤油的信函。看到黄建勇真诚的眼眸，一颗为业主着想的赤诚的心，和科学严谨的工作态度，印度方也敞开了尊重事实、尊重科学的胸怀。

2007年11月13日雅慕娜电站1号机组并网发电，机组振动仅6丝，工期仅20个月，创造了印度电力建设史上的奇迹。2008年4月14日，1号机组完成14天满负荷试运行。2号机组也于2008年6月14日通过14天满负荷试运行。

湖北省电建一公司也收获了累累硕果。1号机组是我国出口到印度的300MW国产机组中最先并网发电的机组，也是最先通过14天满负荷试运行的300MW国产机组，同时，项目部创造了我国在国外同期安装国产300MW机组时间最短的纪录。项目部打响了HEPEC（湖北省电建一公司）在印度电力建设市场的品牌，开拓了印度市场。目前公司正在执行的印度市场的技术服务型合同有6个，共14台机组。

创新工作方法　提高精细化管理水平

黄建勇比较务实，强调做，并且要求高。他的下属说他是个追求完美的人。

2008年，黄建勇担任印度京德2×135MW循环流化床工程项目经理，公司承担的合同范围是该工程的技术监理指导和材料供应。根据以往的工作经验和该工程的特点，黄建勇提出要在该项目进行精细化管理。重点放在材料管理和质量过程控制两个方面。

在材料管理中，一是对材料质的管理，要求相关人员精读合同，满足合同要求，绝不超过合同要求。二是对材料量的管理，要求相关人员，反复核对图纸，对照图纸提计划。对项目总工和负责材料供应的项目副经理提要求，不能来了材料单就签字，而是自己要一笔笔地核对。

印度人在材料的领用上习惯按图纸号领用，而不是我国通行的按计划领用。对此，黄建勇决定在材料包装运输时，要求供应商在管道上刷上图纸号，在阀门上挂上图纸KKS编号等。这样，到达现场后材料不易发生混乱，既方便了现场物资管理人员的工作，也方便了印度方工作人员的领用。

黄建勇深刻认识到，做技术指导工作重点在3个方面：一是前期技术文件的准备；二是安装过程的控制；三是安装完成后的验收。

在京德项目中，黄建勇要求前期技术文件的准备，按照印度人习惯的思维方式进行，从面对公司传统的技术文件的结构进行了调整。为了加强过程控制，他要求工程技术人员，根据单项作业项目，分解验评标准和工作流程，制作一套安装过程质量控制记录卡。按照这套记录的序号进行施工，卡翻完了，单项工作结束了，验收也完成了。同时还能留下一套安装过程控制的证据。目前该工作正在进行中。

黄建勇说："目前公司在印度执行的合同比较相似，都是技术指导加材料供应，我想在这个项目上对这一类合同的执行过程进行规范化、系统化的尝试，为后来的项目探个路。"

点评：

黄建勇作为电力建设工程方面的高级技术人员，也负责管理工作，是电建方面的复合型人才。他脚踏实地、刻苦钻研、勇于创新、锐意进取，从技术专家到经营管理，为中国电力事业的发展和推动中国电力产品走向国际市场作出了贡献。他也荣获"感动湖北电网十大人物"的提名。

随着改革开放的深入，尤其是2001年11月中国加入世界贸易组织（WTO）后，中国的国有企业和民营企业也开始走向世界，大力拓展国外市场，取得了丰硕的成果，扩大了中国的影响力，赢得了许多国家政府和人民的赞誉。但是，由于我们的企业大多在东南亚、中亚、西亚、非洲和拉美经营业务，这些国家很多都存在政局动荡、人民贫困、战乱甚至是恐怖活动和疾病瘟疫等，所以很多欧美发达国家因政治、安全等原因不愿涉足。因此，我们的企业及员工面临很多很大的风险，财产损失难以避免，甚至员工生命有时都得不到保障。我们的企业在那里创业确实很艰难艰辛，但又必须走出去参与全球竞争，使企业能做大做强，并为国家获取利益。在这里我们要向黄建勇这样的中国人和中国企业走出国门的行动表示敬意和祝福，要学习他们这种不畏艰险、开拓进取的精神。

案例 2

好干警刘继平

刘继平，男，40 岁，中共党员，湖北省武汉市公安局水上分局王家巷派出所教导员。

2002 年初夏，刘继平带领民警一举破获汉口沿江一带系列麻醉抢劫案，在一出租屋抓捕犯罪嫌疑人龚某时，猛然发现一个身材瘦小的女孩在屋角，一声不吭地写作业。得知她是龚某的女儿小龚后，刘继平拿出 30 元钱给她，温和地说："警察叔叔找你妈妈问点事，这钱给你买点东西吃。" 3 天后，刘继平和民警再次来到租住地搜查赃物，发现小龚独自一人在昏暗的房间内。她已经三餐没有吃东西，虚弱无力地坐在地铺上。刘继平当即领她吃了一餐饭，又把她送往汉阳的外婆家里。当晚，刘继平和民警前往龚某的另一租住地搜查赃物，意外地发现小龚也在这里，她正站在一个小板凳上，吃力地晾晒着衣服，地铺上整整齐齐地摆满了考卷、作业本。刘继平心里明白了，龚某吸毒 10 余年，亲戚早都避之不及，谁肯帮她管孩子呢？在看守所的龚某得知孩子无人管，立刻痛哭起来，刘继平安慰她说："你女儿我来管！"当着龚某的面，刘继平写下一份"监护抚养小龚直至成人"的特殊协议，并郑重地签上自己的名字。

经过领导同意，刘继平把小龚领回自己一室一厅的小家里，为她买齐生活用品和四季衣物，还特意请来姐姐，照顾小龚的日常生活；一有空闲，他就到学校了解小龚的思想、学习情况，本子上记满了她的作息时间、课程安排、老师的联络办法。每当看到小龚学习压力大，就陪她逛公园、进书市，聊天谈心，俨然像父女俩。一年后，小龚以优异成绩考入了武汉市的重点中学，还获得了3000元的奖学金。进入高中后，小龚学业日益紧张，为了让她有一个更好的环境，安心学习，刘继平专门在学校附近租了一处房子，请小龚的外婆搬过来照料她的生活起居。刘继平的大多数时间就在派出所和小龚的住处这“两点一线”中奔忙。2006 年 9 月，小龚以优异的成绩被北京某大学录取。刘继平的行为深深感动了服刑中的龚某。她将在劳改中积攒的零用钱全部捐给了希望工程，2005 年 8 月获得了减刑奖励。

刘继平参加公安工作 18 年来，参与破获各类刑事案件 500 余起，抓获各类违法犯罪嫌疑人 1000 余名，先后荣立个人二等功 2 次，个人三等功 3 次，36 次受到上级机关的表彰。2007 年 1 月，被共青团中央、全国妇联、中华慈善总会评为感动 2006 中国十大真情人物，2007 年 6 月，被公安部授予全国公安系统二级英雄模范称号。

点评：

刘继平只是一个基层派出所的干警，并没有什么惊天伟业。故事平凡却很感动人，因为他照顾毒贩女儿完全是“分外事”，他却尽心尽力、克服困难帮助其完成学业并考上了大学。因此他也获得过中央电视台举办的“感动中国十大人物”的提名。

帮助失学孩子重返校园完成学业，这本来是国家、政府和社会的事情，他却承担起来，尤其是罪犯的孩子，体现出他很强的责任感。科学发展观的核心是以人为本，罪犯可恶，但其孩子是无辜的。现在强调构建社会主义和谐社会，但现实中确实存在许多社会问题，如果我们每个人除做好自己分内事外，还能关心社会，关爱他人，特别是国家工作人员以身作则起表率作用，更能激励人，这样的话我们的社会真的就会和谐稳定了。如某歌星也主动出面资助小龚，社会上也有很多有爱心的人士资助他人的事例。这说明我们的社会主流还是好的。

案例 3

梅花香自苦寒来

杨开梅是荆门供电公司生产技术部的一名女工程师，她在生产技术岗位默默工作了近 20 年，先后荣获全国电力行业、湖北省优秀质量管理小组活动优秀推进者、荆门供电公司文明建设标兵、湖北省电力公司电网建设先进个人等荣誉称号。

从学历背景而言，杨开梅只是 80 年代的大专毕业生，但她一方面通过在职学习，另一方面刻苦钻研。在理论和实际的结合中下工夫，苦苦耕耘 20 年，收获颇丰。她积极与大专院校及高新技术公司联系合作开发科技项目，填补了公司多项管理科研空白，在2000年以来，她主持研究开发的项目荣获中国电力科学技术进步一等奖一项、二等奖一项、三等奖两项、推广应用奖两项。

与此同时，她还结合工作实际，面向基层，致力于群众性的科技创新活动。2000年以来指导的QC小组活动中，有7个QC小组荣获全国优秀QC小组，年年有优秀QC小组成果参加湖北省电力公司、全国电力行业或湖北省优秀QC成果发布会，有近20项QC小组成果获湖北省、湖北省电力公司优秀QC小组成果奖。荆门供电公司也荣获全国电力行业湖北省、华中电力集团公司QC小组活动优秀企业，并连续四年被湖北省电力公司授予QC小组活动优秀企业。她本人也多次担任荆门市优秀QC小组成果发布会评委，并在2006年担任了湖北省优秀QC小组成果发布会评委。

杨开梅有一种精神叫锲而不舍，一心向前，不管多难的事，她总能想尽一切办法，排除一切干扰，将其变成沉甸甸的果实。

IPE和同业对标，是电力部门面临的崭新工作项目，凡是初接的人，就感觉其内容繁琐，要求严苛，望而却步，荆门供电公司将这两项工作交由杨开梅负责。

通过调查研究，她将IPE管理体系的建立与同业对标工作相结合，推动体系的持续改进，加强同业对标指标的过程控制，组织各部室专业人员对各单位、基层站所及班组进行体系实施审核，成功地避免体系的实施出现“两张皮”，使公司于2007年11月取得了中国检验认证集团质量认证有限公司的质量、环境、职业健康安全认证证书，并通过 IPE 管理体系的建立和实施，规范了各项工作的管理和作业流程，提高了企业的管理水平，为了在 IPE 和同业对标中协调好各个部室，杨开梅每天都需要和各个部室的专工进行沟通交流，了解其所需，掌握其工作进度和动态，她不厌其烦地提醒和督促 IPE 体系的执行；不厌其烦地敦促同业对标中的位置和措施。各个专业的专工既怕她又佩服她，同时又纷纷以她为榜样，总经理尚海平评价她："不靠杨开梅这个同志婆婆妈妈地监督催促，我们的同业对标不会有今天这样的成绩。"在她的努力下，荆门公司荣获综合管理标杆第一名；安全管理、电网运行、人力资源、电网建设荣获专业管理标杆第二名，这些成果促进了公司管理水平和综合实力的提升。

杨开梅用勤奋的汗水浇开芬芳的成功之花。这些成绩背后除了高度的责任心，她吃苦耐劳的品格也使得这些成功之花格外沁人肺腑。

为了干好工作，杨开梅的女儿基本上是跟着外婆长大的，从事生产工作 20 年的杨开梅很少有时间照管女儿，她整天在基层和省城之间奔波，白天和黑夜在她眼里都没有什么区别，她说："我的生活很简单，工作占了绝大部分时间，对家务我的确心有余而力不足"。

有段时间，公司各项工作安排很紧，而且交叉进行，同时担任多项专业管理任务的杨开梅恨不能学会分身术，事情多，工作要干完。要强的杨开梅从不叫苦叫累，咬咬牙，一个人全部承担，下午去参加"电力红马甲科技发展规划"缩写工作，晚上策划 IPE 管理体系验收方案，第二天天不亮又到某个工程项目验收现场，参加线路工程环保验收，连轴运转，劲头十足，同事们都羡慕她的精力旺盛，她笑笑，坦言到："说实话，工作成绩就是我的精神支柱。"

点评：

作为女性的杨开梅，是基层电力企业的技术骨干与能手，其勤恳与业务能力比许多男性都强，在科研创新方面也成绩卓越，是立足岗位成才的典型。她也荣获"2008 湖北电力公司首届劳动模范"称号。仍然是默默无闻工作 20 年，不断地学习提高自己、刻苦地钻研，终于如其名字一样在寒冬里绽开，如梅花般灿烂俏丽。我们的企业要有好的产品、好的服务和竞争力，就要求员工们应在搞好本职工作时要有敢于创新、奋勇争先、不断改革前进的精神和劲头。只有这样我们的企业才能做大做强并始终立于不败之地。

奉献精神

前面我们谈到人生价值观，而奉献是一种崇高的人生境界和追求，是人的真正价值的体现。它是对国家、社会、他人的付出、奉献和创造。雷锋“把有限的生命投入到无限的为人民服务中去”，焦裕禄“心里装着全体人民”，吴天祥说“人生在世，奉献二字”。具有这种精神境界的人把自己的工作与事业同人类的进步和社会发展联系起来，有强烈的事业心和进取心。他们为国家、民族、人民的利益，而不仅仅只是为个人、家庭、名利而奋斗。他们怀着造福人类、社会的雄心壮志，在平凡的工作中用实际行动为自己所热爱的事业献出毕生心血乃至生命以诠释人生的价值。这种奉献精神是有理想作目标、有信念作动力的。与奉献相对立的是索取，我们不否定为社会尽责任作贡献后的取得，即名与利。但是不能把它看做是第一位的。爱因斯坦说“一个人的价值，应当看他贡献什么，而不应该看他取得什么。人只有献身社会，才能找到实际上是短暂而又有风险的生命的意义。”

案例 1

用青春和汗水谱写奉献之歌

他，年仅 36 岁，被工人们誉为抢修现场的铁汉子，是一位在字典里找不到“休息”两字的人；他，天天泡在施工工地上与时间赛跑，是一位一天不到工地就不舒服的人；他，多次被评为鄂州供电公司安全生产先进个人、全面质量管理先进个人；他，勤学苦练，1999 年在全省变电检修比武时取得优异成绩，27 岁就进入湖北省电力公司人才库；他，十六年如一日，默默工作在变电生产第一线，用自己的青春和汗水谱写了一首首奉献之歌。他就是鄂州供电公司变电部宏能公司经理徐建军。

“年青的时候不吃苦，不学点东西，老了就没机会了。”这是徐建军一直牢记在心的话。

1992 年 7 月，徐建军从武汉电力学校发配电专业毕业后分配到鄂州供电公司变电工区 110kV 八一变电站，成为一名变电运行工。

走进变电站一刹那，徐建军发现书本知识与实际工作情况隔着一道墙。与书本知识相比，这位 20 岁的小伙子，一切都感到新鲜，什么都想学、都想干。照理，运行工只要干好岗位职责内的事就行了，并不要求一定要研究变电运行设备的特点、性能构造。徐建军不这样想，干完本职工作后，只要一有空，他就在变电设备旁边观察，边思考、边记录。他时常会缠着有经验的老师傅请教，在设备检修时跟在检修人员后面看这看那，有时还要动手尝试一番。苦学、巧思和实践，使徐建军比许多一起走上变电运行的同学进步得快，当其他新职工还在熟悉岗位操作规程，离不开师傅的带教时，他早已进入了独立操作阶段，他第二年就成为一名值班员。1994 年，经过考试、考核成为八一变电站值班长。

那是在 1994 年夏季，当时，八一变电站的一台

110kV的少油断路器进行大修，徐建军不放过这个难得学习的机会。在大修的日子里，徐建军硬是天天和修理人员在一起，寸步不离，主动为检修师傅们打下手，一个一个零件地拆卸，一个一个零件地组装，当场作好笔记，将书本知识与现场设备逐一对照，对每一个细小的环节都不放过，很快熟悉了少油断路器设备的基本构造。

不仅如此，只要是有检修的项目，他都是准时参战，不放过一次学习的机会，他善于将书本知识与实际生产设备结合，苦练基本功，做到对变电设备了如指掌，日积月累，成为在变电运行中能够独当一面的行家里手。

1996年，由于徐建军吃苦耐劳，技术过硬，作为一名青年骨干被抽调到变电工区检修一班，成为当时检修班最年轻的检修工。

1997年，变电工区成立检修队，他被上级领导指定为检修技术负责人。不久，鄂州供电公司创一流工作全面铺开，徐建军认真整理基础技术资料，逐步使各类检修技术资料从无到有，从有到精，得到一流专家组的好评，顺利通过了一流班组的考核验收。

1999年，徐建军被鄂州供电公司选拔参加全省电力系统变压器检修专业的高技能比武，并以优异的成绩进入省公司人才库，妻子熊翠英也不示弱，接踵进库，成为鄂州公司唯一夫妻双双进入省公司人才库的家庭。

2000年11月，徐建军调到变电工区生技股任检修专责。他意识到，这个岗位，不仅要有过硬的专业知识，还必须要全面掌握电力生产流程的相关规程，同时要具备相应的管理经验。经过一年多的努力，徐建军的工作得到了领导和班组的肯定，被提拔为生技科副科长，负责工程施工管理和技术监督工作。

人们至今还记得 2002 年 6 月初在鄂城变电站抢修的日日夜夜。

那是一个夏天的傍晚，劳累了一天的徐建军突然接到一个到鄂城变电站抢修的电话。鄂城变电站始建于 50 年代初，这个誉为鄂州顶梁柱之一的变电站，承担着鄂钢大部分的一类负荷供用电任务，占鄂州供电公司供电量的 40%左右。

徐建军迅速赶到现场，带领职工投入到紧张的抢修工作中，经过一夜的奋战，第二天早晨 9 点钟恢复供电。

当抢修人员松了一口气，准备睡觉时。第二台开关柜又发生了故障。当时该设备没有备用零件，只能到樊口变电站拆卸一台配用开关柜，在办理相关手续的 10min 时间里，近 30 个小时没有睡觉的徐建军坐在椅子上睡着了。

等工作人员要他签字时，他才从吵闹声中惊醒。紧接着，他迅速地赶到鄂城变电站，投入抢修工作。下午 18 时，第二台发生爆炸的断路器更换后送电成功。

正当人们庆幸第二个开关试送成功时，人们不想看到的事情又发生了，第三台开关柜又发生了故障。

徐建军当机立断，鼓励抢修人员发扬特别能战斗的精神和连续作战的工作作风。又是一夜的紧张抢修，第三天上午 10 时，第三台发生故障的开关柜才抢修成功，恢复供电。

抢修人员三日两夜没合眼，让干部职工们看在眼里，敬在心上，赞在嘴上。也坚定了公司领导彻底改造鄂城变电站的决心。

鄂州供电公司很快争取到省公司3000万元建设资金，旨在重新建成一座鄂城变电站。当鄂城变电站进行全面改造的战鼓全面擂响时，改造变电站的重任又自然地落在徐建军的身上。

鄂城变电站所辖6kV线路高达30多回，由于供电线路的特殊性，临近的鄂钢焦化、炼钢、制氧等特殊用电群体不能停电，这就要求整个施工过程不能出一点差错。一方面要保证老变电站的正常运行，另一方面又要保证新变电站送电成功。

徐建军，既是管理员、协调员，又是战斗员。他事必躬亲，没有人上电线杆，他上；要与鄂钢做好协调工作，他又做起了协调员。一条一条地转运负荷，一条一条地安全送电，在三个多月的紧张施工里，错综复杂的施工过程让徐建军整理得有条有理，2002年8月8日，改造后的鄂城变电站成功送电。

作为生技科副科长的徐建军，从不放松学习专业知识。他把大量时间花在了专业知识的学习和应用上，他买来各种专业书籍潜心研究、在网上四处浏览相关资料，几年的勤学苦练、笔耕不辍。使他成为变电检修方面的行家里手，很多员工都称赞他为“专家型领导”。

2003年10月上旬，华容变电站发生管母倒塌事故。徐建军成立CQ攻关小组，攻克管母倒塌这一难题，并结合自己的工作经验，认真研究造成管母倒塌的原因。他常常告诫身边的员工：“要多学习吃透书本知识，再结合我们自己的实际情况，提高我们自己的水平。”经过一年的不断摸索攻关，多次的PDCA循环，并在华容变电站进行实践，从根本上有效地杜绝了管母倒塌事故的再次发生，得到了专家的一致好评，并在全省电力系统所有硬质管母的变电站得到推广。

徐建军始终保持谦虚谨慎的态度，用自己的行动感染身边的每一个人，认真做好“传、帮、带”的工作，在变电部形成了一个“比、学、赶、帮”的浓厚氛围。他带的徒弟，有的成为知识型人才，走上了管理岗位；有一位徒弟，还从司机转变了角色，通过了高级工考试，拿到了证书。

变电部干部职工感慨地说：徐建军用自己的言传身教带出了精兵，打造了一支高素质的人才队伍！

2003 年底，徐建军担任变电部宏能公司工程部经理，这个工作岗位预示着，他更没有双休日了，更没有节假日了。他整天在外施工，成天在工地上吆喝的嗓子变粗了，变沙哑了，被大家戏称为“超级歌星”。

2003 年冬天，在 110kV 八一变电站改扩建工程中，为了缩短该站供电用户吴城钢铁公司的停电时间，保证该公司的可靠供电，按原计划需要 40 天的工期完成任务，他毅然跟相关部门领导立下了“缩短工期三分之二”的军令状。他带领全体施工人员，每天早上 6 点开工，中午不休息，晚上 8 点收工，经过 11 天的艰苦战斗，顺利完成了八一变电站的改扩建工程任务。

2004 年，为保证鸿泰钢铁公司的按期投产送电，徐建军带领他的施工队员在工地上一呆就是一个月，常常一干就是十几个小时，确保了工程的顺利竣工，为鄂州经济的发展和招商引资工作立下了汗马功劳，得到了鄂州市委和上级公司的高度赞扬。

职工们都说徐建军是一位与时间赛跑的人，在他的字典里，从没有“休假”这个概念，字典里出现频率最高的就是“累”。为了赶工期，他通宵达旦地忙碌。夜以继日地施工，有时一天要跑四个工地。连续两年，他没有休息一个节假日。他的足迹踏遍了鄂州市的山山水水，鄂州市只要有变电站的地方都洒下了他辛勤劳动的汗水。

十六年，弹指一瞬间，徐建军获得了很多荣誉：安全生产先进个人、全面质量管理先进个人、十佳青年、专业技术能手、鄂州市“青年岗位能手”等。

步入而立之年的徐建军，更加热爱变电这个工作岗位，他正以夸父追日的执著情怀，追求人生更高更远的目标！

点评：

有了主人翁的精神，就会爱岗敬业，甘于奉献。把自己当作企业的主人，就会为它尽职尽责、尽心尽力。徐建军毕业于武汉电力学校（现武汉电力职业技术学院），学历并不高，但凭着勤学苦练，终于成为能吃苦、技术硬的人才。并荣获“2008 湖北省电力公司首届劳动模范”称号。徐建军的事迹告诉我们，毕业于职业技术院校的同学一样能通过自身努力而成才，而青年人朝气蓬勃，正是干事业的好时候，不要斤斤计较得失，有付出就会有收获，趁年轻莫负大好时光，勤奋工作，才能实现梦想。为社会、为国家、为企业多作贡献，才能更好地体现出个人的价值来。

案例 2

只为多亮一盏灯

“光明送给人们，劳累摧垮自身。”这是电力人在五十四年一遇的冰雪灾害中抗冰保电的真实写照。已过不惑之年的肖绪安，是宣恩县长潭河乡供电所的一名普通职工，他带病坚持在抗冰保电和灾后重建工作一线，为了让用户多亮一盏灯，2 月 18 日，他因劳累过度，脑内出血，住进了医院。昏迷在病床上的肖绪安一个月后才苏醒，每天依靠输氧维持生命的他，心里惦记着依然是没有供电的客户。

2008 年 1 月 12 日，五十年一遇的冰凌雪灾重创了全州电网，长潭河供电所电力设施也未幸免。全乡停电达 8 天，损失 460 余万元。

1 月 13 日，农历腊月初六一大早，肖绪安顾不得风湿肿痛的双脚，带着一个施工队踏上了灾后重建的战场。这一战，就是 21 天没有下战场。

天不亮就出发，深夜才回家成了他灾后重建工作的时间表。有的时候，他一天工作长达 17 个小时。

龙马山是肖绪安和他所带领施工队的第一个战场。公路不通，他们每天要背着沉重的工具和材料，步行近 4 个小时，才能到达现场。在雪积了 1 尺多厚的龙马山坡上，温度已降到了零下 10℃。人呵出的气都像雾，解的小便，立即就成了冰凌片。肖绪安亲自砍树，架撑杆，登杆作业。8m电杆上，风吹得肖绪安直打哆嗦，手套一接触到电杆就粘住，扯不开了。肖绪安硬是一直坚持在电杆上施工3个多小时。从电杆上下来，他的嘴唇都总冻得发紫了。这一天，他只吃了一顿早饭。

恢复供电，回到供电所，已经是晚上了，他们还没有来得及坐下喝上一口茶，电话响了：持续不断的雪，龙马山再次发生倒杆。刚刚恢复的供电，又停了。

又上龙马山，再次恢复；又发生断杆，再上龙马山……他们去了8次，直到2月4日，雪停了，龙马山才恢复了正常供电。望着家里重新亮起的电灯，群众欢呼雀跃。肖绪安来不及向群众道别，就又踏上了铺满白雪的道路，他们下一个任务是恢复小卧龙的供电。

正月初七，他带领施工队再次来到了小卧龙，拖杆子，下杆子。他艰难地下完11根9m的高压杆，已是满头虚汗。眼看着时间不早了，可还有7根7m的低压杆，他没有犹豫，用尽吃奶的力气，把钢钎插进电杆下，从车厢中往地上移动。

“肖绪安来了，用上电一定有希望。”群众被肖绪安和他的队伍感动着，纷纷投入到抬电杆的工作中。从中沟抬到中堡，正融化的冰雪，使道路异常泥泞。滑倒了，爬起来；又滑倒了，又爬起来……

在长潭河供电所，只要提起肖绪安，大家就会说，他是一个好同志，好兄弟。因此，所里无论是谁，都亲切地称呼他为“小安子”。

工作中，他总是以一个严师的形象出现，对大家的工作要求严格。在生活中对同事们关心备至。哪个不舒服，他帮忙拿药，料理家务。工作中，他总是拣最苦最累的活儿干，生怕同事们吃亏。

他的同事们说，由于忘我工作，天不亮出发，半夜才回家，炊事员都不愿意为他做饭，先后走了两个。

肖绪安家里有年迈的双亲，妻子和大女儿都没有工作，在外打工，小女儿在上初中，每月 700 多元工资维持平时的家用都很困难。他的同事陈永华说："他生活上过得十分俭朴。平常穿的全是单位发的工作服，365 天穿的都是解放鞋。"可是，肖绪安对群众特别大方，2006 年 8 月，他为涌洞河村的户户通电工程倒贴了 800 多元，还经常给老百姓贴电费。

小卧龙村六组村民于光海家里有 3 口人，母亲刚过世，两个孩子没安家，老大有先天性痴呆，条件差得很。肖绪安一点也不嫌弃，把他当弟兄一样，经常到家里问寒问暖。于光海交不起电费，他就人个掏腰包帮着贴补，每次一贴就是几十元。他还主动帮于光海家更换老化的电线。

于光海动情地说："安娃儿硬是好，电费帮着交，线路义务修。谁也说不清他帮别人贴了多少钱，做了多少好事。"

小卧龙村支书王金海说："他给老百姓做事，一不要烟，二不要钱，三不要吃。多数时间就是吃的 1 块 5 角钱 1 包的方便面。"

这样的事例不胜枚举，还有很多，很多！

对同事的爱，对用户的爱，无不缘于对事业的爱。肖绪安自从参加电力工作以来，电力就是他的生命，就是他的追求。无论是生龙活虎，还是重病在床，他所牵挂的都是电力工作，都是同事，都是电力用户。在抗冰抢险中，他一个人上了250根横担，架电线6000余米。

2月18日（农历正月十二），在小卧村上第六根杆子时，肖绪安的脸色就已经不正常，身体出现了不适，连扳手都拿不稳，掉了5次。同事要替他上电杆，他执意不让，说："我是组长，又是师傅，我不上谁上。"当他坚持着把横担上完，背包已背不上肩，人像痴了似的。同事向红卫劝他休息，他说："群众都还等到照电呢，我们要争取在正月十五前把电搞通，怎么能休息呢？多亮一户是一户呀！"肖绪安固执地留在工地上，直到晚上6点多钟结束施工，才让同事们把他搀扶回家。吃晚饭时，他怎么也端不稳碗，连续打坏了3个。同事们劝他去医院，他却说："除非自己倒下哒，否则决不下抢险救灾第一线！"

当天晚上，肖绪安的身体出现了严重的反应，全身无力，但他不忍心打扰每天只能睡上五六个小时的同事。一直硬撑到2月19日早上6点，才打电话让同事把他送到医院。

肖绪安昏在病床上，每天依靠输氧维持生命，心里惦记着的依然是用户，口中不时念叨着："什么时间了？我要上小卧龙去了，他们还没得电呢！""老李屋里头停电哒，我要去看看。"稍微清醒一点，他就给刚刚从浙江打工赶回来的妻子和大女儿说："你们要给大伙儿弄顿好吃的，这些时间辛苦得不得了。"

点评：

肖绪安是一位长年奔走在大山深处的专职电工。在2008年初的那场冰雪灾害中，他抗冰救险、奉献光明，是累病了的供电人。他先后被宣恩县、恩施州、湖北省电力公司、国家电网公司授予“抗冰救灾英雄”和“劳动模范”以及湖北省“五一劳动奖章”等多项荣誉称号，入选了“感动湖北电网十大人物”之列。在海拔1500米高的山上、在长期服务客户的过程中，他与用户心贴心，勤恳工作、真诚热心，村民们把他看做是光明使者。是的，他只是一个普普通通的电力工人，但正是有了他们，才有了城市和乡村的灯火辉煌！才使人们的工作和生活能正常进行。

案例3

新中国石油战线的铁人

王进喜，甘肃玉门人，是新中国第一批石油钻探工人，全国著名的劳动模范。1938年，15岁的王进喜进入玉门石油公司当工人，新中国成立后历任玉门石油管理局钻井队长、大庆油田1205钻井队队长、大庆油田钻井指挥部副指挥。1956年加入中国共产党。他率领1205钻井队艰苦创业，打出了大庆第一口油井，并创造了年进尺10万米的世界钻井纪录，展现了大庆石油工人的气概，为我国石油事业立下了汗马功劳，成为中国工业战线一面火红的旗帜。王进喜以“宁可少活二十年，拼命也要拿下大油田”的顽强意志和冲天干劲，被誉为油田铁人。1959

年，王进喜在全国“群英会”上被授予全国先进生产者称号。王进喜是中共第九届中央委员，第三届全国人大代表。

1959 年，他作为石油战线的劳动模范到北京参加群英会，看到大街上的公共汽车，车顶上背个大气包，他奇怪地问别人：“背那家伙干啥?”人们告诉他：“因为没有汽油，烧的煤气。”这话像锥子一样刺痛了他。王进喜后来说：“北京汽车上的煤气包，把我压醒了，真真切切地感到国家的压力、民族的压力，呼地一下子都落到了自己肩上。”他曾多次向工友们说：“一个人没有血液，心脏就停止跳动。工业没有石油，天上飞的，地上跑的，海上行的，都要瘫痪。没有石油，国家有压力，我们要自觉地替国家承担这个压力，这是我们石油工人的责任啊!”

王启民：把“铁人精神”和“奥运精神”一起传承。1961 年，从北京石油学院毕业的王启民带着简易的行李，在刚刚投入大规模开发的大庆油田安了家。当时他也没有想到，自己的一辈子就这样与新中国的石油事业结下了不解之缘。若干年以后，王启民成了大庆油田开发领域的权威专家。

如今已经 70 岁的王启民是大庆油田总经理助理、副总地质师，身体硬朗、不甘寂寞的他依然活跃在油田的开发战线上。

石油深藏在地下一千多米处的岩缝间，王启民的任务，就是用“透视”的眼睛把油找到，用先进的科技手段把油采出来。

20 世纪 60 年代，大庆油田出现“注水 3 年，水淹一半，采出程度仅5%”的不利局面。当时还年轻的王启民提出了“高效注水开采方法”，大幅度提高了大庆油田开发初期的产量。随着油田含水比例上升，大庆油田遇到了新的挑战。王启民主持的“分层开采、接替稳产”开发试验，历时10年，搜集整理了8种近一万个数据，绘制出了油田第一张高含水期地下油水饱和度图，揭示出油田不同含水期开发的基本规律和稳产办法，使采收率提高了10%～15%。

20世纪90年代，大庆油田依据王启民与同事们提出的方案加密了一万多口油井，使油田原油稳产5000万吨保持了27年，创造了世界石油开发史上的奇迹。

“宁肯把心血熬干，也要保持大庆油田的稳产高产。”这是王启民说过的一句话。听到这样的话语，已故铁人王进喜“宁肯少活20年，拼命也要拿下大油田”的豪言壮语仿佛又回响在耳边。

“刚知道自己入选奥运火炬手的时候，心情非常激动。作为一名石油科技工作者，我只是做了自己应该做的事情，但是党和人民给了我这么高的荣誉，这是对我的莫大鞭策。”他说。

“老牛已知夕阳晚，不用扬鞭自奋蹄。”古稀之年的王启民，如今依然像当年一样勤奋工作在油田科技战线上。许许多多的夜晚，人们会看到王启民老人办公室里长久地亮着灯光。

“大庆油田最近提出未来10年原油稳产在4000万吨以上，这又是一场硬仗。要想取得胜利，科技是关键。”王启民说。

参加工作40多年，王启民共获得各种科技奖励22项，还光荣当选为全国人大代表和党的“十五大”代表、十五届中央候补委员。1996年，他主持的“稳油控水”系统工程荣获国家科技进步特等奖。

“我格外珍惜奥运火炬手这个荣誉，因为我不仅仅代表我自己，它是对油田广大科技工作者共同的奉献精神和丰硕成果的肯定，”王启民说，“我们要把奥运精神和大庆精神一起一代一代地传承下去。”

点评：

新中国成立后，在建设社会主义的热潮中涌现出了无数个英雄模范人物，王进喜与王启民只是他们当中的代表。在那么艰苦的条件下，他们奉献了自己的青春与热血，他们没有享受到富裕的生活待遇，却使国家积累了财富而变得强大。当时，建设大型工程项目都是调集全国各地人马搞大会战，是本着先生产后生活的做法，所以那时的创业者们的生活条件是很差的。如王进喜60年代初进驻大庆，吃住都没解决就投入工作，又恰好面临三年困难时期，繁重的劳动加上营养不良，包括王进喜在内的许多工人后来都因此患病而过早地去世了。石油是国民经济中重要的战略资源，是国家建设和人民生活不可缺少的物资，正是有了王进喜等一批工人和科技人员的苦干巧干，我们当时才实现了石油自给，并使西方国家对我们的封锁禁运失效和彻底破产。现在我们的创业条件与环境比那时好多了，但仍要学习老一辈劳动模范们的革命干劲和艰苦奋斗、勇于开拓、任劳任怨、甘于奉献的精神。

企业精神

企业精神指企业员工所具有的共同内心态度、思想境界和理想追求。它表达着企业的精神风貌和企业的风气。

企业精神是企业文化的一项重要内容，有人认为它是企业全部的精神现象和精神活力。有人把它同企业价值观念等同起来。所谓企业精神，主要是指企业经营管理的指导思想。

美国著名管理学者托马斯·彼得曾说："一个伟大的组织能够长期生存下来，最主要的条件并非结构、形式和管理技能，而是我们称之为信念的那种精神力量以及信念对组织全体成员所具有的感召力。"

企业精神是现代意识与企业个性相结合的一种群体意识。每个企业都有各具特色的企业精神，它往往以简洁而富有哲理的语言形式加以概括，通常通过厂歌、厂训、厂规、厂徽等形式形象的表达出来。一般的说，企业精神是企业全体或多数员工共同一致，彼此共鸣的内心态度、意志状况和思想境界。它可以激发企业员工的积极性，增强企业的活力。企业精神作为企业内部员工群体心理定势的主导意识，是企业经营宗旨、价值准则、管理信条的集中体现，它构成企业文化的基石。

"现代意识"是现代社会意识、市场意识、质量意识、信念意识、效益意识、文明意识、道德意识等汇集而成的一种综合意识。"企业个性"，包括企业的价值观念、发展目标、服务方针和经营特色等基本性质。

企业精神总是要反映企业的特点，它与生产经营不可分割。企业精神不仅能动的反映与企业生产经营密切相关的本质特征，而且鲜明的显示企业的经营宗旨和发展方向的。它能较深刻的反映企业的个性特征并发挥它在管理上的影响，起到促进企业发展的作用。

企业精神一旦形成群体心理定势，既可以通过明确的意识支配行为，也可以通过潜意识产生行为，还可以通过潜意识产生行为。其信念化的结果，会大大提高员工主动承担责任和修正个人行为的自觉性，从而主动的关注企业的前途，维护企业声誉，为企业贡献自己的全部力量。

企业精神的特征：

(1) 它是企业现实状况的客观反映。

(2) 它是全体员工共同拥有、普遍掌握的理念。

(3) 它是稳定性和动态性的统一。

(4) 它具有独创性和创新性。

(5) 要求务实和求精精神。

(6) 具有时代性。

案例 1

电网栋梁

向文祥有股勇担重担的虎劲。

在2008年迎战暴雪冰害的战役战斗中，向文祥冲在最需要、最困难的抢险第一线。他是湖北省超高压公司武汉输电公司分管生产的副经理，更是“共产党员突击队”队长，率领抢险突击队，排除500kV线路危急缺陷、大小险情20余起。

向文祥身在苦、累、重、险、脏的输电岗位，一干就是25年的外线工，他就任副经理后，更是把确保500kV线路安全运行的重任放在第一位。

迎战50年不遇冰雪，向文祥深入一线，靠前指挥，心中有数。他及时派出几个线路巡视蹲守小分队，沿武汉输电公司管理的500kV线路，建立56个防履冰除冰害监视点。人在雪中溜，车在冰上滑。向文祥马不停蹄沿线路点对线路进行逐杆逐塔的全方位、全天候、全线段的巡视、检查，确保了武汉输电公司14条、1900多千米输电线路安全稳定可靠运行。

为了湖北500kV电网在冰雪中的安危，向文祥忙得顾不上正在患病卧床的妻子；身在抗灾保电生产一线，偶尔想到家人，就给正在备战高考的儿子打电话鼓个劲。此时此刻，向文祥一门心思只牵挂着电网安危，一个月的暴风雪，他在荆楚大地巡视行程5000km，走了一次抗雪灾保供电的万里长征。

他徒步巡线，持续几晚和衣而眠，快餐面当干粮，瓶装水是“冷饮”，他组织巡线人员及时发现处理500kV葛洲坝至玉泉328号耐张绝缘子掉串，306号塔多片绝缘子因舞动破裂，500kV兴咸线因覆冰重负等重大危急缺陷，避免了3起断线、倒塔等大面积停电恶性事故。

抗灾是英雄，工夫在平日。向文祥为了提高安全生产管理水平，他在生产管理过程中应用了一系列新的方法管理，开展了针对性较强的生产实践活动。在运行检修班队强力推行《线路视频巡视法》，利用影像、文字记录线路巡视的信息，并与线路技术管理系统同时建档，极大地推进了线路标准化建设工作。他创新总结出的“三检查、三交代、一确认”、“防误登杆识别卡”、“作业工序”等工作方法，有效地规范了线路维护、检修作业流程。在他的主导下，公司坚持开展的“讲安全意识、讲工作程序、讲控制指标、比工作作风、比工作质量、争事故处理时间”的“三讲二比一争”活动，为保障公司安全生产工作有序推进发挥了重要作用。

向文祥下班组、深入现场，针对安全生产工作中存在的问题、生产技术的难点和疑点，开展科技攻关和技术革新。他组织参与了《500千伏输电线路导线风偏闪络的研究》等课题，主编的《输电线路数码视频巡检管理》进入了湖北省电力公司同业对标典型经验库；他参加的QC小组活动，连续两年获得了省公司QC成果一等奖。

向文祥主管生产工作期间，公司形成了学知识、钻业务、强素质、长本领的良好氛围，年年都获得省公司“安全生产先进集体”，还获得了湖北省“文明单位”、全国“五一劳动奖状”。截至2008年4月10日，公司顺利实现连续安全生产9230天。

案例2

做一个供电优质服务最好的人

他视山区群众为衣食父母，他把库区村民当兄弟姐妹，他扎根库区30年，起早睡晚30年，吃苦受累30年。

他用自己的行动征服了当地群众，公认他是优质服务做得最好的人。2005 年和 2006 年先后荣获湖北省电力公司“优质服务之星”和国家电网公司劳动模范殊荣。他就是咸宁通山供电公司大畈供电营业所维护班班长张公益。

真诚服务是我的心愿：张公益所在的大畈镇，地处富水库区，担负着四乡一镇的供电任务，工作环境非常恶劣，出门不是爬山就是涉水，他在这个营业所工作整整 30 年，每天风里来雨里走，日复一日，年复一年，披着星星出，载着月亮归，每天上班，他除了身背抢修工具还要带着“三件宝”：水壶、干粮、手电筒。他坚持满腔热情为群众服务，急群众之所急，帮群众之所需，只要一个电话，随叫随到，为了群众少受停电之苦，长期以来没吃一顿安稳饭，没睡一个囫囵觉。

2004 年 12 月 24 日深夜，一场几年难遇的大雪将慈口乡茶园村狮坑十组的低压配电线路压断。次日上午，该组村民朱礼福家的小儿子开灯做作业时发觉没电，他拿起家中的电话筒边拨报修电话边学着大人的腔调自言自语道：“用电莫着急，就找张公益……”

2h 后，张公益与同事肩扛背驮着检修设备踏着厚厚的积雪来到了狮坑十组，在村口迎接的朱礼福、朱美炳等握着张公益的手激动地说：“张师傅，您真是兵贵神速啊。”因为按照村民日常的时速，从供电营业所到狮坑十组，要乘 35min 的渡船和步行 6km 的崎岖山道，平时风和日丽时也须 2h 才能赶到。

张公益 1978 年从部队复员后，一直从事营抄维修工作。大畈供电营业所管辖的 130 余千米 10kV 供电线路、

133个低压配电台区，全部散落在群山怀抱的三垅四岔之中，虽然每检查一台配电变压器、处理一次故障报修常常要翻好几座山、走几十里路，但张公益从未让用户失望过。30年来，他平均每月穿破一双解放鞋，一年骑坏一辆自行车，三年更换一辆摩托车，基基电杆都有他攀登时留下的汗味，个个配电台区都能感应他的心跳呼吸，就连11000余用电户的计量电能表装在哪个旮旯里，他都比自家有多少存款还清楚。“用电莫着急，就找张公益。”乡亲们口口相传的顺口溜，道出了对张公益的无比信任。

2008年初，大畈镇遭遇了历史上罕见的冰雪灾害，大畈镇供电营业所的供电线路遭到了重创，为了恢复供电，他带领全班安营扎寨在1000多米的8座高山上，长达45天，挨冻、受饿、寂寞。期间，他所受的苦，其劳动强度之大，别说在全省，就是在全国也是罕见的。

大畈库区是个贫穷山区，至今仍然戴着国家级贫困县的帽子。前不久的一天，张公益在一位名叫袁达凯的村民家中抢修结束时，一眼发现这家的主人正躺在床上“哎呀哎哟”的发出申吟声，一打听得知他得了急性胃炎没钱医治，躺在床上硬抗着，张公益立即掏出300元现金，并把病人送到了就近的医院，一切安排好后才离开。过了不久，也是在抢修时，有一村民的小孩由于没钱买奶粉，饿得啼哭不止，他又慷慨地掏出500元钱给孩子买奶粉。

就这样，你300、他500，一个月下来，张公益的工资所剩无几了。每当妻子向他要工资安排家里生活，他无法向妻子交代时，他就说“工资钱买烟抽了”而搪塞过去。其实，张公益的家境也不好，妻子没有工作，老父老母多病，张公益每月的工资还不够开销哩。张公益把群众当亲人，张公益为群众谋利益，他的行动如同他的名字一样响亮。

一辈子扎根库区是我的理想：30年来，大畈供电营业所的所长换了一任又一任，同事们走了一茬又一茬，与他一起参加工作的战友们和同事，不是被提拔就是换了岗位，不少家在农村的也进了县城工作，可张公益从未动过要挪一挪“窝”的念头。鉴于张公益的出色表现，县电力公司几任领导考虑到他的身体和即将退下来后的生活，多次提出安排他进县城电力部门工作，都被他婉言谢绝了，他说我在库区工作生活习惯了，进城反而不习惯，再说库区需要我，我也舍不得离开库区，我在这里扎根一辈子是我最大的心愿，也是我的理想和追求。

大畈供电营业所现任所长周传宏说，抄表、收费、维护、抢修周而复始，张公益不仅干得有滋有味，而且尽力做到收费不跨月，抢修不过夜。张公益的家就住在大畈镇上距供电所不足1km，每当农忙时，妻子总指望他能回来帮帮自己，然而，30年过去了，丈夫从未因私事请过一天假。

张公益常说：“我是个共产党员，是特殊材料制成的”，要起到先锋模范作用。长期以来，他发扬共产党员的先锋模范作用，他带头以站为家，巡线路上，饿了啃一口干粮，困了就地小憩一下，多年的野外作业，使他患上了严重的胃病，这样，他的工具包里又多了一个药瓶子。他的妻子免不了埋怨他不顾家、不顾孩子、不顾自己的身体；面对妻子的埋怨，每次，张公益都是惭愧地低下头。

正是在张公益这种默默无闻、吃苦耐劳和奉献精神的带领下，经过全所员工的共同努力，大畈供电营业所的线损率从过去的28%下降到如今的8%，全所29年无重大责任事故，10年无大事故，安全率为100%，投诉率为零，并且张公益所带领的维护班也被命名为“张公益维护班”。

案例3

智慧型团队沉着守护大电网

不同于冒着风雪冻雨在受损输电线路上进行紧急抢险的电力职工，华中电网电力调试中心的职工们在另一个“没有硝烟的战场”上默默守护着华中区域大电网的安全。

这是一个与华中电网共同成长，对大电网特性有着充分了解的智慧型团队。这个团队目前调度指挥着华中电网28个电厂80台机组、79个500kV变电站，以及219条500kV输电线路。

以2008年1月11日河南500kV姚邵线发生倒塔为标志，华中电网开始遭受了大面积冰冻雨雪天气侵袭，特别是湖南、江西电网遭遇的破坏程度史无前例，500kV电网更是首当其冲。有继电保护专业的同志介绍说，在这次冰灾期间，华中电网宛如一个特大规模的继电保护实验室，一生只有在教科书上才会出现的罕见故障，在这次冰灾中都发生了。

智慧型团队，强调的是脑力的激荡，强调的是分工与合作。

这个团队，聚集了继电保护、自动化、通信、运行方式、调度计划等各专业部门的智慧，在一次次电网故障面前，精心计算，密切配合，然后从调度台这个执行平台输出团队的智慧。华中电网电力调度中心累计向省级调度机构下过调度指令万余条次，全部正确指挥处理，没有发生误判断、无操作事故。

这个团队成员们心里都明白，对每一次电网故障的处理都容不得半点闪失。国外早有前车之鉴：2006年11月发生在欧洲的大停电事故仅仅就是由于两条输电线路被停掉之后，调度部门对欧洲电力网高峰负荷预计不足，进而导致连锁跳闸，超出了人力所能操作控制的范围。

1月27日湖南的500kV牌长线光缆因覆冰两处中断，而此时，牌长线正与另一条220kV线路一道，肩负着非常时期下湖南怀化电网向贵州黔东电网临时供电的重任，堪称“生命线”。光缆上传递的是继电保护装置的信号，继电保护装置是电网中的“卫士”，起着将电网故障与系统隔离、防止事故扩大的作用。本已脆弱的系统面临严峻考验：一旦牌长线再发生线路故障，而这条线路两端的继电保护装置不能快速隔离故障的话，湖南电网的系统稳定和向黔东电网供电均将受到严重威胁。

事故发生时，已是凌晨。通信专业人员迅速联系湖南省电力调度中心，利用220kV电网的光缆通道，经由无数个路由器，在物理线路上迂回2000多千米，传递继电保护装置信号；运行方式专业化人员立即将湖南电网当时的机组开机方式、用电负荷水平、电网网络结构等信息输入综合分析程序，计算牌长线两侧继电保护装置发生动作，隔离故障的最新数值，然后将稳定计算结果提供给继电保护专业人员，继电保护专业人员根据这一计算修改继电保护装置上的数值，最后将数值提供给调度处，由其从调度台上向牌长线两端的500kV变电站下达调度指令，修改站内的继电保护定值。为保证湖南电网安全和湖南电网向贵州东部电网供电发挥了重要的作用。

超前预控，工夫在平时，更是这个团队正确处理每一次故障的充分保证。入冬伊始，华中电网电力调度中心就结合电网运行的薄弱环节，制定了周密的重点事故处理预案，涉及全网500kV输电断面35个，重要厂站26家，对各种恶劣运行方式下的应对措施和恢复送电次序做了精心安排，完成了对调度自动化设备的检查，全面清理整改通信重要业务的通道。灾情发生后，调度中心迅速成立由各运行专业人员组成的应急情况处理小组，24h在调度室值班，在故障发生后的第一时间为调度员处理故障提供了有力的技术支撑。在实际运行中，当班调度员则根据电网运行情况，实时开展事故预想，及时调整事故预案的措施和处理要点，做到了电网薄弱环节心中有数，处理事故胸有成竹。虽然这次持续灾害天气使电网结构受到了有史以来最迅猛、最严重的破坏，但是事故的发展还是没有超出这个团队的意料。

梁虹，这个智慧型团队的灵魂人物，全国五一劳动奖章获得者，白天坐镇调度台现场指挥协调，晚上组织分析总结，每天仅休息四五个小时 。据同事们介绍，他的颈椎一直不好，年初已几次出现晕眩，按医嘱需要入院治疗，电网出现故障后，他却全然不顾病情，坚持战斗在电网调度指挥的第一线。

何毅斌，3000 多条调度指令从他和他的同事们手中下达，在工作最为紧张的时期，父母、儿子却相继生病，父亲因脑梗塞住院，母亲因胃出血住院，儿子也突发高烧，他只能让妻子照顾母亲，让退烧后的、才上初二的儿子照顾父亲，自己却匆忙看过家人后迅速回到了同样需要他的工作岗位。

还有的同志连日值班，嘴里起了厚厚的水泡，依然 24h 值守，第二天照常上班不休息；有的年轻同志没时间照顾小孩，只好将孩子委托给邻居照看，第二天值完班后才能抽空看上一眼……

夜幕降临，华中电网电力调度中心仍灯火明亮，直到清晨。这个智慧型团队的成员们，与我们辛苦奋战在线路抢修一线的电力职工们，都是我们这个时代最可爱的人！

点评：

我们国家要建立社会主义市场经济体制，而我国社会主义初级阶段的基本经济制度是以公有制为主体，多种所有制经济共同发展。公有制经济的主体地位是不能动摇的，即国有经济的主导作用和在社会总资产中占优势，控制国民经济命脉，涉及国家经济安全、公共服务产业、高新技术等支柱和骨干产业。我们要巩固发展公有制经济，通过资产重组和结构调整等方式提高国有资产的整体质量。电力部门作为国有特大型企业，一方面要为国家建设和人民生活提供充足电力与优质服务，也要有一定的经济效益；另一方面是社会效益，即要承担一定的社会责任，如2008年初冰雪灾害发生时国家电网公司的抗灾救灾以及四川汶川大地震时的救灾、捐赠等。电力行业树立起了负责任的大型企业的形象，也提高了社会的美誉度。同时体现了与国家民族同呼吸共命运、关注民生、勇于担责的普世精神，这也是一个国企精神文明建设的重要内容。具体讲就是电厂要安全生产、降低能耗成本、减少污染，供电部门要搞好营销与优质服务，输变电及电建工程部门搞好基础设施建设等。其企业精神是爱岗敬业的主人翁精神；艰苦奋斗的拼搏精神；甘于奉献的牺牲精神，勇于创新的开拓精神。以上事例多为电力部门表彰和树立起的一批劳动模范和先进人物事迹。他们对人生价值的取舍，成为企业主流价值观的鲜明路标。他们也是企业精神的代言人，并以此促进和催生先进的企业文化，弘扬并丰富这种健康向上、积极进取的主流价值观。而且要把它代代承传，构成一座座精神丰碑。而有的企业及其员工为了追逐金钱和利益，不惜掺假制假，造成了极其恶劣的社会影响，企业也为之受损。如2008年9月揭露的有毒牛奶（添加三聚氰胺）事件，确实是违法违纪、道德缺失、丧失人性。因此，我们的企业与员工都应该诚实守信，遵纪守法，搞好本职工作，为国家建设、企业发展作贡献，承担起我们应该承担的责任。用企业精神鼓舞激励我们争创一流企业，以优质的产品和服务树立起良好的企业形象。

科 学 人 生

德国哲学家康德说：有两种东西时常让人思索和敬畏，这就是我们头顶上的天空和我们内心里的道德。

这句话可以解读为：天空是指万物循以产生的自然规律，自然界的万物都要遵循，也可引申为人们对自然的探索或称作自然科学；道德则是人们在社会生活中的行为规则，泛指社会科学。

人类自诞生以来就开始了对大自然的探索，也包括对社会以及自然与社会关系等方面的探索。古往今来、古今中外无数的学者、科学家们毕其一生，呕心沥血、锲而不舍、百折不挠、历经磨难，不断探索追求，才使科学技术发展到现在这样的高度。

当今世界，科学技术日新月异，发展更新快，社会生产力也随之不断提高。我国现在已经确立科学发展观这一重要指导方针和重大战略思想。改革开放以来，我们更加重视教育、科学和人才，提出了科教兴国、人才强国的战略。进入新世纪后又作出了提高自主创新能力、建设创新型国家的决策。因此，我们要在努力提高全体人民综合素质的基础上培养一大批拔尖的创新人才，并造就出世界一流科学家和科技领军人物，以推动我国科技事业的进步，支持我国经济社会的发展。

案例 1

世界著名火箭专家钱学森

——此生唯愿长报国

钱学森，浙江杭州人，1911 年出生，中国现代物理学家、世界著名火箭专家、中国科学院院士、中国工程院院士。1938 年在美国获博士学位后留美从事火箭研究，1955 年冲破重重阻力回到祖国。1991 年，国务院、中央军委授予他“国家杰出贡献科学家”荣誉称号；1999 年，中共中央、国务院、中央军委授予他“两弹一星功勋”奖章。

这是一幢普通的机关宿舍楼，里面却住着一位不平凡的人物——钱学森。走进钱学森的家里，给人的感觉是朴实而典雅，墙上挂着几幅字画，屋里错落有致地摆放着一些航天器的模型。96 岁高龄的钱学森由于身体原因已经不方便会见客人，接待记者的是他的儿子钱永刚和秘书涂元季。

科学没有国界，但科学家有自己的祖国。钱永刚至今还清楚地记得当年随父亲回国的情景：“那是 1955 年 10 月 8 日，我们全家一路颠沛辗转，终于到达深圳罗湖桥头，当时代表中国科学院来迎接我们回国的人，是今年已经 87 岁的老科学家朱兆祥。”

1955 年初冬，刚刚回国的钱学森到哈尔滨军事工程学院参观。时任院长陈赓大将问他：“中国人能不能搞导弹?”钱学森说:“外国人能干的,中国人为什么不能干?难道中国人比外国人矮一截?”陈赓拍案大呼:“好!就要你这句话!”钱永刚笑着对记者说:“就这一句话,决定了我父亲这一生从事火箭、导弹和航天事业。”

1956年,钱学森受命负责组建我国第一个火箭、导弹研究机构——国防部第五研究院。新中国的火箭、导弹和航天事业由此起步。

50多年过去了,钱学森以其对中国火箭导弹技术、航天技术乃至整个国防高科技的奠基性的杰出贡献,为我军武器装备现代化建设写下了精彩绚丽的篇章。

1960年11月5日,我国第一枚导弹飞行试验成功,聂荣臻、张爱萍等在现场与钱学森热烈握手。聂荣臻在致辞时说:“这是我国军事装备史上一个重要的转折点。”

1966年10月27日,我国第一枚装有核弹头的中近程地地导弹飞行爆炸试验成功,我国的国防现代化建设又向前迈出一大步。

1970年4月24日,在周恩来总理直接关怀下,钱学森等在酒泉卫星发射场组织实施了我国第一颗人造卫星发射工作。“东方红一号”遨游太空,嘹亮的《东方红》乐曲,向世界宣告新中国迎来了航天时代的黎明。

作为一个伟大的科学家,钱学森的治学态度和胸襟堪称大师风范。钱学森的秘书涂元季跟记者提起这样一件往事——有个青年曾经写信指出钱学森论文中的一处错误,钱学森亲笔回信肯定了这种独立思考、敢于质疑的精神,并请这个青年就此写成论文,由他推荐发表,目的是让学界同仁都能认识到这一错误,以免被错误引用。

平生无意求虚名，唯尽百年赤子情。在钱学森家中，记者看到他卧榻正对面书架上最显眼的地方，摆放着一尊“神舟”航天飞船的模型。那展翅翱翔的“神舟”，似乎在诠释年近百岁的钱学森关注祖国腾飞的热切心情。

案例2

吴大观：无私奉献毕生为航空动力事业奋斗

中国航空工业发动机事业的奠基人、创始人之一，中国航空工业集团公司（简称中航工业集团）科技委常委吴大观，1968年献身我国航空发动机事业，在生命最后的日子里，仍在病床上为我国航空发动机工业的发展建言。他一生奉行“多予少取”的人生信条，生活俭朴，敬业乐群，无私奉献，以实际行动践行着对社会主义的无限热爱和对党的无限忠诚。

把一生献给新中国航空动力事业

吴大观1916年出生在江苏镇江，1942年毕业于西南联合大学，到当时国内唯一的航空发动机厂——贵州大定航空发动机厂工作。因业绩突出，吴大观被选送到美国来康明发动机厂和普惠公司学习深造。1947年3月，他拒绝了美国有关单位的高薪聘任，仅带着两个装满书籍和技术资料的箱子回到祖国。

1949年11月，吴大观任新中国重工业部航空筹备组组长，参与了新中国航空工业的筹建，对我国航空发动机型号研制作出了重要贡献。他先后主持研制喷发1A、涡喷5、红旗2号发动机，参与领导研制涡喷7甲、涡扇5和涡扇6发动机，还主持了斯贝发动机的仿制。

作为新中国航空发动机事业的奠基人之一，他奋斗的历程，与新中国航空发动机事业的许多个“第一”紧密相连：1956年，吴大观赴沈阳黎明发动机制造厂，组建我国第一个航空发动机设计室；在此期间，他领导研制了我国第一个喷气发动机型号——喷发1A发动机。1961年，吴大观在沈阳主持创建了我国第一个发动机设计研究所——国防部第六研究院航空发动机研究所。他主持了我国第一个航空发动机试验基地的建设；他主持完成了我国第一部航空发动机标准规范的编制，使我国的飞机发动机研制生产有矩可循……

在吴大观工作过的410厂、606所和西安发动机制造厂等单位，老同事们提起他，印象最深的就是他的敬业精神。在606所工作期间，他常常一天工作12个小时以上，从来没有节假日。20世纪70年代，吴大观任606所革委会主任，当时厂、所结合，每天要两边跑，工作过度劳累，心脏病复发。在疗养期间，他仍不停止工作。

1978～1982年，吴大观在西安发动机制造厂领导英国斯贝发动机专利仿制工作。他带领科研人员把英国方面的技术资料整理、清账，把原来无人管理、散失在外的英国培训技术资料整理归纳，并按专题组织讲课。“用人民的钱买来的资料，每个技术人员都有责任钻研学习，整理好留给后人阅读。”在与英国专家组织联合试车时，英方专家两班倒，而吴大观作为中方代表，一个人顶两班，发烧39℃仍坚持工作，以致晕倒在试车台上。领导命令他回家休息，2h后，他却又出现在试车台上。

1982年，吴大观离开了一线岗位。但他仍保持勤奋的工作状态，追踪航空发动机的新技术。他自学5年，做了上百万字的笔记，撰写了大量心得和建议。

1998年，已届82岁高龄的他归纳总结了11条《我国航空工业需要统一的认识》问题；84、85岁高龄时，仍撰文分析国内外飞机发动机研发的经验教训。

人生是施与不是索取

2009年3月20日，吴大观的遗体告别仪式在航空中心医院举行，灵台是用医院的旧桌子拼起来的，整个仪式也相当简单。“一切从简，不要给组织添麻烦；不要向组织提任何要求。”这是吴大观老人在弥留之际的叮嘱。

中航工业集团老干部局局长高军介绍，去年底，吴老在体检中被查出患上了绝症，身体每况愈下。吴老病重期间，中航工业集团领导指示：要尽全力延长吴老的生命，送他到最好的医院接受最好的治疗。

但吴老都拒绝了。他坚持在集团自己的医院——航空中心医院住院治疗，并一再表示，不要用昂贵的进口药品，“不要为我这种治不好的病浪费国家的钱”。医院的护士含着泪说，每当吴老从昏迷和熟睡中醒来，发现正在给他静脉注射进口药品，他总是挣扎着起身把针头拔掉……除了“后事从简”，吴大观给亲人还留下一项遗嘱：“把积蓄的10万元拿出来，帮我交最后一次党费。”

中航工业集团企业文化部有关人士介绍，吴老多交党费已经坚持了第46个年头。1955年，吴老的工资是273元，而当时普通工人的工资也就是二三十元。吴老多次请求降薪未允，于是，从1963年开始，他每月多缴100元党费，坚持了30年。从1994年开始，他每年向中央组织部继续多缴党费4000～5000元。几十年来，吴老累计多缴党费11万元（不包括去世后缴纳的10万元党费），为“希望工程”、灾区等捐款9万多元。

“人生是施与不是索取。”吴老总是说：“我们国家穷，困难多，我作为一名共产党员，多缴党费，心里踏实些，党给我的太多，我给党的太少，实在惭愧啊！”

吴老个人的生活非常俭朴。走进他的家，房间里摆放的都是20世纪80年代购置的家具，吴老的夫人华国女士说：“从1982年搬进这个房间，家具就没有换过。”“我们一辈子过得都很简单，平平淡淡。”

人才资源是最重要的战略资源

2006年，已届90高龄的吴老在写给中航工业集团的信中说：“人才资源是航空工业最重要的战略资源，要创造培养、吸引、用好人才的起码条件。”多年来，作为项目带头人和科研单位的领导者，吴大观一直非常重视科技人才的培养和队伍建设。

中国工程院院士、吴大观的老同事刘大响说，吴老对设计人员的培养从组织设计队伍开始。每一张设计图纸、每一份计算报告他都要审查，一旦发现问题必定把设计员找来一一指出问题所在，不符合要求的退回返工。他要求，新分配来的大学毕业生必须经过考试，合格后才能分配工作。设计员出差，回所后必须先交出差报告，经审查通过方可报销出差费。

中航工业集团科技委顾问、吴大观在606所的老同事周晓青说，当年的606所，每天晚上办公室都是灯火通明，多数人要学习到深夜。这种浓厚的学习气氛与吴大观的严格要求、身体力行是分不开的。他鼓励大家结合发动机摸底，钻研技术，更新知识。他自己身体力行，白天工作，晚上学习，几十年如一日。

对关键岗位的技术骨干，他亲自举办英语强化班，把他们集中在一起重点培训，亲自授课，授课地点，常常就在他自己家里。吴老的女儿吴晓云回忆说，记得那时候，家里每晚都集中了一些年轻人，围着她们家那张小小的餐桌，用老式录音机播放英语，大家学习。

对科技人员，他不仅政治上关心，业务上培养，生活上也尽力照顾。当时，国家经济困难，食品供应不足，许多科技人员吃不饱，有的同志营养不良患了浮肿。看到这一情况，吴大观心里十分着急，他一方面向后勤部门建议，采取措施解决，另一方面常常把家中得到的供应的食品送给生活困难的技术人员。后来，他和所里领导自己动手，在沈阳郊区兴建农场，解决粮食供应不足的问题。1962年春节，所党委决定请技术骨干聚餐，参加的有32人，他们与所领导畅谈工作体会，提出意见和建议，他们的工作成绩得到了组织的肯定和褒奖。这种尊重知识、尊重人才的举动，在广大科研人员中引起强烈反响。

案例 3

“杂交水稻之父”袁隆平

袁隆平，男，79 岁，国家杂交水稻工程技术研究中心暨湖南杂交水稻研究中心主任，中国工程院院士。

袁隆平是一位视科学如生命的科学家。为了杂交水稻事业，他几十年如一日，矢志不移，默默奉献。刚开始研究时，许多人说他是自讨苦吃，他坦然回答：为了大家不再饿肚子，我心甘情愿吃这个苦。研究条件的简陋艰苦、滇南育种遭遇大地震的威胁、上千次的实验失败，都动摇不了袁隆平研究杂交水稻的决心。几十年来，他像候鸟一样追赶着太阳南来北往育种，在攻关的前 10 年里有 7 年是在海南岛上度过的。

袁隆平注重实践。他说，书本上、电脑里种不出水稻，他始终坚信真正的权威来源于实践。“我不在家，就在试验田；不在试验田，就在去试验田的路上。”在第一线的坚守，使他抓住了科学的灵感，锻造出了战略性眼光。

袁隆平甘为人梯。他注重培养杂交水稻科研人才，将团结协作看作是打开成功之门的钥匙。他捐出了奖金，设立了科研基金和农业科技奖励基金；他将实验材料“野稗”毫无保留地分送给全国 18 个研究单位，加速了“三系”杂交水稻研究的步伐。在他的培养和带领下，我国杂交水稻界精英辈出，研究成果层出不穷，30 多年来一直处于世界领先地位。

袁隆平永不满足。从“三系法”到“两系法”，从一般杂交稻的成功到超级杂交稻一期、二期再到三期，他将水稻产量从平均亩产 300kg 左右先后提高到 500、700、800kg。如今已经 79 岁的他还有几个愿望，一个是到 2010 年，第三期超级稻要实现试验田亩产 900kg；再奋斗十年，在 90 岁时将亩产量提高到 1000kg；并且要把杂交水稻推向全世界。

大德有大成。到 2006 年，我国累计推广种植杂交稻 56 亿多亩，每年增产的稻谷可以多养活 7000 多万人，相当于全世界每年新出生人口的总和。不仅如此，杂交水稻还被推广到全球 30 多个国家和地区，种植面积达到 3000 多万亩。

袁隆平 1987 年获得联合国教科文组织颁发的科学奖；2001 年获得国务院颁发的 2000 年度国家最高科学技术奖；2004 年获世界粮食奖励基金会颁发的世界粮食奖；2007 年 4 月就任美国科学院外籍院士，被誉为“杂交水稻之父”。

点评：

正因为有了以钱学森、吴大观、袁隆平等为代表的一批优秀科技工作者的贡献，我国在科技领域才能取得丰硕的成就，如核工业、军工、航天、生物工程、石化、信息、机械制造等。以前的“两弹一星”，现在的“神舟”飞船、探月工程等就是突出的成果。

这些杰出的科学家们都有以下三个方面的特征：一是他们

都有正确的世界观、人生观、价值观作指导，有理想有信仰。如钱学森回国后在工作之余读马克思、列宁、毛泽东的著作，树立起了马克思主义世界观，并具体运用辩证法等观点指导科研。吴大观虽遭挫折与磨难，却始终跟党走，相信党、忠于党。袁隆平则不仅要让中国人也要让世上所有人都能远离饥饿，这也是他毕生的梦想。而有少数人因理想信念的迷失，用其知识从事违法犯罪的活动，如有的技术人员制造冰毒牟利，最终害人害己。二是报效国家：他们都有一颗“中国心”，把自己的一生都献给了祖国和人类的科技事业。钱学森在美国时一心向往为新中国建设出力，历经艰辛回国后为国家的国防和现代化建设事业作出了巨大贡献。吴大观说：“看不到我国自行研制的航空发动机，我死不瞑目。”袁隆平在“文化大革命”困境中仍然坚持其研究从未停止。

科学无国界，但科学家有祖国。如果一个有才干的人不为自己的国家尽责，却为敌对国家服务，并危害自己的祖国，这样的人和行为是极为可耻的。如某人加入外国籍为某国矿业公司任驻华代表，他千方百计不惜以违法犯罪手段为外商获得高额利益，也为自己聚敛财富，使中国公司受到损害，国家利益遭受巨大损失。三是他们均德才兼备。他们学富五车、才高八斗却人品高尚、淡泊名利。钱学森以国家、科学为重，名利家庭为轻，是开创祖国航天事业的先行人和奠基者；他以严谨勤奋的科学态度在航天领域作出了卓越贡献，他甘为人梯扶持后来者，是中华民族知识分子的典范；业余时他还喜欢弹奏钢琴给夫人伴唱以调节身心。吴大观说：“人生是施与不是索取，知足常乐，自得其乐，助人为乐，为善最乐”。袁隆平的富有不是财富，而是科研中的伟大成就。现在他虽已名满天下，也可拥有巨额资财，却依然专注于田畴，播撒智慧、收获富足，为人类消除饥饿耕耘；他的业余活动也丰富多彩，喜欢拉小提琴、游泳、打排球，甚至与同事们打打扑克牌，当然这都是在紧张工作的闲暇时。总之，他们虽然学识渊博、工作繁忙，但是都热爱生活，有着乐观向上的精神状态。而现实中有个别的人却为名利而不讲诚信，以造假等手段获取个人利益，这种人最后会身败名裂。

当今我国正处在社会转型阶段，改革开放的深化、经济社会的发展、科学技术的进步、还有现在很重视的生态环境（保护好大自然、建设美丽家园）与资源节约问题，这些都离不开科学工作者们的努力。我们青年人也应该把他们当作崇拜的偶像，学习的榜样，追这样的明星。我们国家的科学技术在一些方面距世界顶尖水平还有差距，这也要求我们以上述科学家们为楷模，把自己人生价值的实现与个人奋斗同国家、民族的发展振兴相联系，贡献自己的力量，体现出个人真正的价值。

什么是人格？人格亦称个性，就是指个体的差异，也可以称为人格的个性特征。是人所具有的比较稳定的心理特性的总和。现代汉语词典关于人格内涵有以下三层含义：一是人的性格、气质、能力等特征的总和；二是人的道德品质；三是人的能作为权利、义务主体的资格。但在我国传统文化中，人格主要是一个伦理道德范畴。伦理道德把人格规定为个人的品格、素质，是个体做人的尊严、责任、价值及道德品质，是个人在一定社会中的地位与作用的统一，即作为一个社会人的资格和“品格”的总和。这里我们主要从伦理或道德的语境中谈人格，就是指人的品格，是指一个人道德品质的高低，也可以称人格的品德特征，或者称为道德人格。道德人格是指个体人格的道德规定性，它是一个人内在的道德素质和外在的道德行为的有机统一，是个人的德性、情操、品行、尊

严和价值的综合体现。道德人格作为衡量个体人性的标志是人类弘扬人性，减少或摆脱兽性的艰辛努力的结果。它标志着每个人道德境界的高低，是个体的道德认识、道德情感、道德意志、道德信念和道德习惯的有机融合。它是人格的理想境界，是人格塑造和人格修养的理想目标。梁启超在《新民说》第五节里就提出："忠孝二德，人格最要之件也。"毛泽东在《纪念白求恩》文中号召"我们大家要学习他毫无自私自利之心的精神。"称赞白求恩是"一个高尚的人，一个纯粹的人，一个有道德的人，一个脱离了低级趣味的人，一个有益于人民的人。"这就是一种高尚的人格，人格中的至善境界——道德人格。

高尚的道德人格是一个国家、一个民族或一个社会中人们最推崇和向往的人格模式。它体现着一个时代的人生追求和价值取向，体现着做人的方向和人格标准，对人们具有巨大的精神感召力。它是由高尚的情操、优秀的品质、坚强的意志、文明的行为等良好的道德素质所构成的。而良好的道德素质来源于高尚的道德观念的教育和影响，模范的道德榜样的人格魅力和人性力量的感化和激励，以及自身积极的道德实践和锻炼。中国是礼仪之邦，中华民族在数千年的历史中创造了灿烂辉煌的文明成果，形成了丰富、系统的道德规范，孕育出了一代又一代仁人志士、英雄贤达；孕育了优秀的民族品格与民族精神。天下为公、注重群体，天下兴亡、匹夫有责，先忧后乐、鞠躬尽瘁，反抗强暴、不屈不挠，崇尚气节、坚忍不拔，自力更生、自强不息，勤俭朴素、艰苦奋斗，清正廉明、经世致用，厚德载道、贵和持中，克己为人、敬老尚贤，尊师重教、谦和礼貌，爱国团结、民族统一……正是在上述一系列优秀道德传统的激励、熏陶、推动之下，中华民族才能始终万众一心、历尽艰难曲折而巍然自立于世界民族之林，屹立于世界的东方。与此同时也涌现出各个时代无数个高尚道德人格的先进人物。

今天的社会主义中国，创立了人类社会以来最先进的社会主义道德建设体系。提出了社会主义道德建设的核心和原则，基本要求，公民基本道德规范，以及职业生活、社会公共生活、家庭生活中的一系列道德行为规范，以“八荣八耻”为主要内容的社会主义荣辱观。其主要内容概括如下：

社会主义道德建设的核心是：全心全意为人民服务。

社会主义道德建设的基本原则是：集体主义原则。

社会主义道德建设的基本要求是：爱祖国、爱人民、爱劳动、爱科学、爱社会主义。

公民的基本道德规范是：爱国守法、明礼诚信、团结友善、勤俭自强、敬业奉献。

社会主义职业道德的基本要求是：爱岗敬业、诚实守信、办事公道、服务群众、奉献社会。

社会主义社会公德的基本要求是：文明礼貌、助人为乐、爱护公物、保护环境、遵纪守法。

社会主义家庭美德的基本要求是：尊老爱幼、男女平等、夫妻和睦、勤俭持家、邻里团结。

“八荣八耻”主要内容：

以热爱祖国为荣、以危害祖国为耻，以服务人民为荣、以背离人民为耻，

以崇尚科学为荣、以愚昧无知为耻，以辛勤劳动为荣、以好逸恶劳为耻，

以团结互助为荣、以损人利己为耻，以诚实守信为荣、以

见利忘义为耻，

以遵纪守法为荣、以违法乱纪为耻，以艰苦奋斗为荣、以骄奢淫逸为耻。

传统美德不胜枚举。以上这些社会主义道德建设的基本内容，对培育良好的道德素质，塑造高尚的道德人格起着重大的指导作用。每个人经过全面、深刻、自觉学习和践履，就能够确立社会主义道德观念，能使自己的道德观念和道德行为进入社会主义道德规范的轨道，具有职业道德、社会公德、家庭美德和社会主义荣辱观，达到真善美的人格境界！

榜样的力量

爱岗敬业、服务群众、奉献社会

时代造就英雄。任何一个时代都会涌现出这个时代道德理想的先进人物。在社会主义的中国，这样的榜样层出不穷，他们是时代的骄傲，是社会的财富，是生活的代表，是民族的脊梁。在他们身上，我们能发现一份感动，涌动一股能量，获得一种动力。这是由于他们身上散发着道德人格的力量，人性的光芒。

榜样的力量在于人格的光芒。道德榜样之所以叫人感动，使人感佩，令人感怀，主要原因不在于他们人格中的智慧、能力、知识、思维、形象、身份等其他成分，而在于他们的道德人格，在于他们的道德人格所散发的人性光芒。人格中的非道德因素可能也会使人仰慕、赞佩，却难以使人震撼，唯有其中的道德因素才能激荡人的心灵，振奋人的精神，改变人的观念。正因为如此，人们才会从那些默默无闻、兢兢业业地践履着这些道德规范的先进人物身上感受到人格的魅力和人性的力量。

学习榜样就是要塑造高尚的道德人格。学习道德榜样，不仅需要由衷的感动，更需要切实的行动。由感动到行动，由见贤思齐到身体力行，榜样的力量才能真真切切地得到体现，人性的光芒才能扎扎实实地得到弘扬。就是道德人格的不断提升，就是社会道德水平的不断提高。

在我们的社会上，在我们的生活中，在我们的周围，有着许许多多高尚道德人格的楷模。

以下选摘的几个案例只是千千万万道德模范中的杰出代表而已。

高尚的道德人格是一种强大的力量，这种力量是可以感染的，是可以传播的。这种力量，有时可以立竿见影，有时可以润物无声，甚至可以化干戈为玉帛，化腐朽为神奇。

愿我们的道德更高尚，愿我们的精神更充盈，愿我们的人格更完善。

愿我，愿你，愿他，愿更多的人们，携手并肩，齐心协力，一起与道德模范同行，共同朝着道德模范的境界虔诚地朝圣。

案例 1

悲壮、悲恸、震撼！

冉永平　贺广华

《人民日报》2008 年 1 月 30 日

历史定格那一幕，2008 年 1 月 26 日，风雪交加，天寒地冻，巍巍铁塔不堪冰雪的重负，折断坍塌；三位抢险队员登塔除冰，不幸因公殉职，献出年轻宝贵的生命！

以生命的代价捍卫电网安全是何等的悲壮！

以生命的代价保卫国家财产叫人悲恸万分！

以生命的代价保护人民生命安全令人震撼不已！

历史永远铭记着三位抢险队员名字：罗海文、罗长明、周景华！

(一)

1月中旬，一场罕见冰灾突袭湖南，此次冰灾持续时间长、来势凶猛，创50年来湖南气象历史之最。国家电网公司下属的湖南电网输变电设施大面积积雪覆冰。至1月21日6时，国家电网公司湖南省送变电建设公司承担运行和检修任务的33条500kV主干送电线路中的29条相继跳闸，三峡、葛洲坝送湖南的500kV输电线路和由岳阳、常德、益阳送省会长沙的所有南北送电通道全部跳闸停运，湖南电网遭遇了50年来最严峻的考验！

险情就是命令！

20日23时40分，湖南省送变电建设公司党委书记、总经理向元桢接到省电力公司“保证供电主干道畅通”的命令，连夜吹响了调兵的“集结号”！子夜，公司领导班子全体成员立刻排兵布阵，把维护电网安全稳定运行作为当前压倒一切的首要任务，全力保障全省工农业生产和人民生活用电。

除冰保网的攻坚战打响！一份份除冰保网“时间表”迅速传达到各抢险施工队。该公司从株洲、娄底等地区调遣正在其他灾区除冰保网的抢险队员3000余人，克服道路结冰、交通受阻的困难，分坐火车、汽车艰难地赶往长沙地区供电主通道输电线路抢险现场。

此时此刻，500kV输电线设备覆冰十分严重，恢复输电线供电的唯一办法是人工除冰。湖南送变电公司担负运行维护2800km的500kV输电线路，抢险队员昼夜巡查，登塔除冰；除冰的木棒声一阵紧过一阵！

1月初，湖南送变电送电三分公司送电线路架设合同工罗海文、罗长明、周景华三位同志已放假回到老家准备过年，20日他们得知保卫电网消息立即动身，迅速返回单位参加了抗击冰灾保供电的抢险队。

(二)

1月21日，雨雪交加，连日的低温冻雨，500kV复艾Ⅰ回输电线路全线的绝缘子、导线、地线覆冰十分严重，造成线路跳闸停运。

凌晨1时，正在娄底对500kV五民线路进行突击巡视的罗长明、罗海文、周景华和他们的队友连夜出发，赶赴200多千米外的望城县故障点抢险。有丰富外线工作经历的三位同志，深知在此恶劣的天气条件下，由于铁塔、导地线、绝缘子覆冰严重超过设计标准，所需抢险的送电线路铁塔随时可能坍塌，险情随时可能发生。但他们没有片刻的犹豫，毅然登上了开往抢险一线的大巴车。

道路结冰严重，原本只需3个小时的路程，他们和队友却在路上颠簸了10多个小时，直到第二天中午才到目的地。天寒地冻，雨雪交加，他们一夜未眠。指挥员一声令下，他们顾不上休整，便登上了巍巍铁塔，一干就是10多个小时。从那天开始，6天下来3个人没有睡过一个安稳觉，没有吃过一顿“正式”饭，困了只能在临时工棚打个盹，饿了吃一点自带的干粮和水；每天都是在爬山、登塔、除冰中循环，在雨雪交加、寒风刺骨之中“走钢丝”。每登上一基铁塔都要花费两个多小时，每前进一步，都在面临生与死的考验；体力严重透支，可他们想到的是保证长沙人民用电，他们从没叫过一声苦，喊过一声累。

1月25日，抢险一线捷报频传，湖南省送变电公司人工除冰保网取得重大突破，安全、高效地打通了8条500kV供电主通道！罗海文、罗长明、周景华3位抢险队员，为供电主通道畅通，付出辛劳！6天来，他们以钢铁般的意志坚守岗位，挑战生命的极限，先后投入到复艾Ⅰ回、复艾Ⅱ回、复沙Ⅰ回、复沙Ⅱ回、艾鹤Ⅰ回、艾鹤Ⅱ回6条500kV线路的除冰抢险。

（三）

华能长沙电厂至沙坪变电站500kV送电线路全长31.7km，共有铁塔87座，2007年12月18日正式投入运行，是通向省会长沙供电的重要供电通道。2008年1月21日，线路因导地线、绝缘子覆冰严重，线路跳闸停运，强送不成功，导致长沙城区部分停电，湖南省委、省政府要求立即抢险，向长沙地区恢复送电！

25日，送电三分公司接到通知抢险华能长沙电厂至沙坪变电站500kV送电线路。

26日，抢险队员罗海文、罗长明、周景华3人一组，来到了望城县桥驿镇力田村，担负清除43号铁塔和绝缘子的除冰任务。

50多米高铁塔、导地线、绝缘子覆冰厚度都超过设计标准，罗长明、罗海文、周景华头戴安全帽、穿着雨衣，系着安全带、保险绳，艰难地踩着脚钉、角铁一锤一锤地敲打着铁塔上覆冰，顿时，冰砖、冰块像下雨一般重重地砸满一地；13时，他们爬到塔顶除冰时，不堪冰雪重负的44号、43号、41号铁塔顷刻倒下，正在43号塔上作业的周景华同志，被锋利的角铁截断了系在身上的保险绳和安全带，从高空坠落，英勇牺牲。同一塔上敲冰的罗长明、罗海文也随铁塔轰然倒下，身受重伤。闻讯而来的抢险队员，把他俩从坍塌的铁塔上解救下来，迅速送往163医院抢救，终因伤势过重，抢救无效，两位同志不幸牺牲。

沧海横流，方显英雄本色，大灾之中，更见铮铮铁骨。罗海文、罗长明、周景华三位顶天立地的汉子，折射出一种品格，一种境界，不畏艰难险阻，不顾个人安危，用满腔的热血和宝贵的生命捍卫国家电网安全运行，谱写了一曲感天动地的英雄赞歌！

点评：

南方，五十年不遇的冰冻雪灾。电网输变电设施大面积积雪覆冰，电力设施受损，众多主干送电线路相继跳闸停运。灾情就是命令，电力员工他们冒着刺骨的寒风巡视在变电站、输电线路上；抢险队员更是缓慢艰难地攀爬到铁塔上，用着木棒敲击冻冰。

湖南送变电送电三分公司送电线路架设合同工罗海文、罗长明、周景华三位同志已放假回到老家准备过年，当他们得知保卫电网消息后，立即动身，迅速返回单位参加了抗击冰灾保供电的抢险队。有丰富外线工作经历的三位同志，深知在此恶劣的天气条件下，由于铁塔、导地线、绝缘子覆冰严重超过设计标准，所需抢险的送电线路铁塔随时可能坍塌，险情随时可能发生。但他们没有片刻的犹豫，毅然登上了开往抢险一线的大巴车……

高压线上的冰条耀武扬威地高高地挂着！除冰人员冒着生命危险去敲落这些“美丽的家伙”。然而轻轻一敲，导线冰冻出现的大幅度舞动就会产生“共振”效应，足以拉倒几十吨重的钢塔，险情随时可能发生。此时上塔除冰，脚下的电线，实际上是条“生死线”。6 天下来 3 个人没有睡过一个安稳觉，没有吃过一顿“正式”饭，困了只能在临时工棚打个盹，饿了吃一点自带的干粮和水；每天都是在爬山、登塔、除冰中循环，在雨雪交加、寒风刺骨之中“走钢丝”。每登上一基铁塔都要花费两个多小时，每前进一步，都在面临生与死的考验；体力严重透支，可他们想到的是保证长沙人民用电，他们从没叫过一声苦，喊过一声累。

三位抢险队员终因登塔除冰，不幸因公殉职，献出年轻宝贵的生命！

他们是平凡的，然而关键时刻挺身而出，责无旁贷，以五尺微躯换来一方光明。他们并不光鲜，也不夺目，他们并不伟岸，也不声名显赫，就是平常的一分子，然而却以血肉之躯抗御自然灾害，以生命的代价捍卫着电网安全。何等悲壮！

在得知周景华、罗长明、罗海文 3 名电力职工在除冰抢险中不幸殉职的消息后，温总理记挂在心，专程去看望这三位职工的家属。而当面对这些家属们时，总理却有话说不出来，只能简短地说：“今天面对你们，我无法用更多的语言来表示安慰，我给你们鞠个躬吧！”

死者已长矣，我们在潸然泪下中表达哀思和敬意，心中澎湃的更多是感动。他们用朴实无华的行动抒写出对工作的责任感，在风雪灾难的面前体现出对企业的忠诚！英雄倒下了，却为我们树起了一座丰碑，折射出一种品格，一种境界。这是炽烈的情怀，是伟大的精神，是蓬勃的力量，是敬业爱岗的榜样、模范。没有他们的付出，国家的利益，人民的利益就得不到保障。让我们记住暴风雪中这一座座耸立在高架铁塔上的丰碑，他们让你我无比安心，让国家无比安心！“奉热血，保电网，丹心长存；献青春，护光明，英魂永在”他们没有什么惊天动地的事迹，但他们的付出，所有人都会铭记。因为他们，天地不再是一片冰冷。他们是平凡的，更是伟大的！

有的人死了，他还活着……我们要学习周景华等先进人物为国家和人民利益而舍生忘死的崇高精神，以他们为榜样，发扬工人阶级特别能吃苦、特别能战斗、特别能奉献的光荣传统，立足本职、扎实工作，坚定信心、团结奋斗，不畏艰难、顽强拼搏，连续作战、英勇奋斗的主人翁责任感和大无畏的革命精神。

案例 2

风雨中的坚守

祁崎 匡志鸿 胡艳萍

荆楚电力在线 2007 年 07 月 04 日

2007 年 7 月 3 日，望着滚滚而去的府河水，家住随州曾都府河镇东方村的周老汉感叹道：“我活到 67 岁了，都没见过涨这么大的水！”连日来的暴雨侵袭了随州，全市共有 31 个乡镇受灾，受灾人口 40.2 万人。

家具至今泡在水里

府河镇是受灾较为严重的地区，府河供电所农电工童传敏这几天特别忙。

“手机总在响，老百姓家里断了电老在找你。”童传敏说，由于河水暴涨，很多低压线路电杆被水冲垮，倒杆断线较为严重。停电了，就必须出事故现场。路上很多小桥被水淹没，趟着齐腰深的水走，成了家常便饭。

精神疲惫的小童，眼睛里布满了血丝。“已经没有睡过安稳觉了！”童传敏说他们农电工的手机现在全天候 24 小时开机，随时待命处理各种应急故障。

“小童因为抢修还和老婆红了脸！”府河供电所所长陈令发说，童传敏的家就住在府河岸边。6 月 29 日晚涨大水，淹到了童家，半夜，一家人开始往楼上搬运家具。30 日一大早，供电所启动紧急预案，所有员工投入抗洪抢险。来不及处理家务，童传敏一头扎进了自己管辖的配电台区。

当晚上 6 点多回到家里时，村子的人都快被疏散完毕，可老婆还在家里收拾。已经来不及了，一楼的大件家具搬不动，全没进了水里。屋外的高音喇叭催促着赶紧撤离，没有办法，童传敏只好拉着老婆离开了家。

“一楼家具至今还在水里泡着。”小童只是淡淡地说。

不过，截止到 7 月 3 日，童传敏所辖的台区已经有 90％的用户恢复了送电。

对不起，老父亲

洛阳镇这几天的降雨超过了 200mm，暴雨造成的倒杆急需重新立杆放线。作为洛阳供电所的营抄班长余国兵师傅，整天都在水毁工地上转悠。哪里需要重新布线，哪里需要立杆挖窝，余师傅一天都没闲下来。

“6月30日凌晨，变电站里的围墙倒了大半截，进了不少水。”余国兵回忆当初情形，不停地用手比划。敲开超市门，买来抽水泵，整整两个小时，变电站电缆沟的水才全部抽干。忙完变电站，余师傅赶紧召集管片电工，分头查看各自台区设备的受损情况。

统计上报后，余国兵又和同事们蹲在仓库，清点准备抢修的备品备件。背上工具包，扛上登杆踏板，余师傅又匆匆赶赴需要送电的故障现场。

在工地的午餐上，所长易能智往余国兵师傅碗里夹了一筷子菜。“多吃点，还是要保重身体！”余师傅没有说什么，默默往嘴里塞些米饭。

余国兵是家里长子，父亲已近70高龄，6月20日因脑溢血住进了医院，至今仍昏迷不醒。“看过一次父亲后，赶上水灾就再没有去医院了。”所长的语气有些低沉。

“这里的工作走不开。”余师傅答应了一句，又低头吃饭。

收拾碗筷时，余国兵抬起的眼睛里有些湿润。

7月3日，余师傅参与架设的又一基杆塔准时送电了。

点评：

在设施简陋，条件艰难，人员不多的基层供电所，其困难之大何想而知！但两个平凡的农电工面对暴发的洪水灾害造成的倒杆断线，能够克服重重困难，处理事故，准时送电，又是何等不易！事后，他们没有豪言壮语，只是两句极其平常的回答："一楼家具至今还在水里泡着。""看过一次父亲后，赶上水灾就再没有去医院了。"这是一种什么精神？这就是一种爱岗敬业，无私奉献的精神。这是一种不畏艰险、顽强拼搏、顾全大局、勇于奉献的精神。它看似平凡，实则伟大。无论在任何时候，都坚守自己的岗位职责，舍小家，顾大家。对自己岗位奉献有加。能一如既往，以认真负责的态度对待工作，一心一意，任劳任怨；干一行，爱一行，兢兢业业，脚踏实地地在奉献中体现价值，在奉献中赢得尊重，在奉献中提升形象。

爱岗敬业是平凡的奉献精神，因为它是每个人都可以做到的，而且应该具备的；爱岗敬业又是伟大的奉献精神，因为伟大出自平凡，没有平凡的爱岗敬业，就没有伟大的奉献。

有了爱岗敬业的奉献精神，无论是面对十方阻难还是百丈冰川，无论是面临千倾烟波还是万仞高山，我们都能用自己的双手、用行动，用心谱写出超越生命的、无悔的乐章。由此你会感到无比自豪！感到无上荣光！

今天，全面建设小康社会的伟大事业正呼唤着亿万具有爱岗敬业这种平凡而伟大的奉献精神的人。具备爱岗敬业这种平凡而伟大的奉献精神的人，永远都是强大民族的脊梁！

案例3

李元成：28年如一日的生死承诺

方田　通讯员　罗中林

荆楚网　2007年10月9日

基本情况：李元成，男，1954年5月出生，汉族，中共党员，高中，助理经济师。1973年2月参加工作，现任湖北公司宜昌市秭归县电力公司周坪供电所所长兼党支部书记。

28年前，他和战友立下战地之约："如果谁牺牲了，活着的就要担当起赡养死者父母的责任！"

28年来，他和妻子视牺牲战友的父母为双亲，每逢二老生日、生病和春节，他们都要带着礼金、提着礼品前去探视，近30年几乎从未落过一次。

这是一段没有血缘关系，却胜似骨肉亲情的传奇故事。他，就是湖北省秭归县电力公司周坪供电所党支部书记、所长李元成。

照顾牺牲战友父母 一诺28年

1978年底的一天深夜，解放军驻西南某部秭归籍战士李元成和付先根同时接到命令，李元成被调往自卫反击战前线担任通信兵，付先根到后勤保障部队报到。两个亲密战友分别前立下战地之约："如果谁牺牲了，活着的就要担当起赡养死者父母的责任！"

3个月后，李元成得到付先根牺牲的消息。他知道，身为长子的付先根是付家的顶梁柱，他担心付先根年迈的双亲难以承受这沉重的打击，立即给付家写去一封长信。他在信中安慰两位老人说："爸、妈，先根是我的战友，他先走了，今后我就是先根，我就是你们的儿子！"

1980年3月，李元成转业回到阔别5年的家乡。他的第一件事就是去看望自己的新"父母"付爸爸和刘妈妈。当晚，他就住在付家，劝慰两位老人直到深夜。

第二天临走时，李元成又再次在两位老人面前立下了铮铮诺言："人死不能复生，二老保重身体要紧。我和大毛子（付先根乳名）既是战友，又是老乡，我也是一名共产党员，从今天起，你们就把我当作亲生儿子吧！"

李元成经济并不宽裕。他在家中是老幺，哥哥到外地做了倒插门女婿，两个姐姐已出嫁，但他要赡养好6个父母的决心却是不可动摇的。

1981年，他在老家请木匠做了8把木椅，专程背了4把下山送到了承信爹爹、克英妈妈家——这几把老旧的椅子，现在仍是二老家中居家待客。

谈对象时，李元成也没忘把女朋友带到付家，请二老"审查把关"。1981年元旦新婚之日，他和妻子一起来到付家。志同道合的妻子对两位老人说："元成是你们的儿子，我就是你们的儿媳。"

小两口定下了"四必"规矩，即二老病了必探视，红白喜事必帮忙，二老生日和春节必带上礼品、礼金看望。尽管当时工资每月只有几十元，他们还是坚持接济付家，为他们买米送布，嘘寒问暖。28年来，二人从未违犯过这"四必"的规矩，有时李元成工作忙，熊祖桂就带着孩子一起去探视。

出名不出头　低调见本色

2006年，秭归县民政局一名干部在茅坪镇慰问军烈属时，偶然听说有个叫李元成的人，二三十年来不间断地照顾牺牲战友的父母，很是感动，但又对他的动机持有疑虑，于是进行了走访。至此，李元成28年如一日坚持照顾付家两位老人的感人事迹才为世人所知。很快，各路媒体记者纷至沓来，各种荣誉将他包围。

2007 年，李元成被评为湖北省电力公司“爱心使者”和“文明建设标兵”。

全国敬老助老主题教育活动组委会授予李元成全国“十大孝亲敬老之星”荣誉称号。

秭归县委、宜昌供电公司党委和湖北省电力公司党委相继作出向李元成同志学习的决定。

一时间，李元成在媒体上频频亮相，他成了当地乃至湖北省电力系统内的名人。

面对荣誉和媒体报道，李元成依然保持着自己做人的本色：这份对战友的承诺，他将坚守一生。

点评：

1979 年以来，李元成信守对已故战友付先根的生死约定，默默和家人一起照顾两位老人，使二老老有所养、病有所医。他先后经历了移民建房、妻子下岗等诸多困难，却靠他微薄的工资支撑着 4 个家庭、赡养 6 位老人，30 年来使这种没有血缘关系的“特殊亲情”始终绵延不绝。就任供电所所长以来，他创造性地实现“户户通电”、配网完善化、抗冰抢险、奥运保电、三峡蓄水安全供电等工作在基层的贯彻落实，周坪供电所连续 7 年安全生产、服务投诉、用电欠费为零。

2006 年 10 月，被中宣部等六部门授予“中华孝亲敬老之星”奖；2007 年 10 月，被湖北省委、省政府、省军区联合授予“拥政爱民先进个人”称号；2008 年 1 月，被国家电网公司授予 2007 年度劳动模范；2008 年 10 月，被湖北省文明办等五部门授予“荆楚孝老爱亲模范”称号。

曾经有人问李元成，这 28 年你为战友的父母家贴补了多少钱物，他笑着说：“没有计算过，都是应该的。”他还一再强调，自己给两位老人经济上的帮助微不足道，更多的是精神上的鼓励，让他们有活下去的勇气。

令人难以置信的是，李元成 28 年赡养战友父母，很多熟悉他的人都不知情。与李元成共事 18 年的陈新华说：“以前只知道李元成和傅家的小儿子是‘干兄弟’，其他情况从未听他说起过。”

李元成最欣赏的一句话是“老老实实做事，实实在在做人。”他的获奖感言是“作为一名子弟兵，孝老爱亲我责无旁贷；作为一个供电人，点亮万家灯火我义不容辞。”

三十年坚守生死承诺，不声张，不炫耀，诚实守信，孝亲尊长，助人为乐，在三峡移民心中树起了一座默默无闻的爱的丰碑。他用一诺千金、纯真质朴的诚信精神和敬业奉献的职业操守，书写了一段跨越血缘和时间的和谐传奇。

毛主席指出，一个人做一件好事并不难，难的是做一辈子好事，不做坏事。大致地说，“做一件好事”是一种道德行为——出于情境的感染，一些人也可能在一时一地做出善举，但却不一定能够随时随地表达善行；“做一辈子好事”是一种道德习惯——把践履道德规范当做一种日常生活方式，是一系列的、连贯的、经常的道德行为。道德榜样所表现出来的道德行为是一以贯之，持之以恒的。他们之所以能够克服困难，不为外力所动摇，长期表现出道德习惯，在于他们具有稳定的道德认识，坚定的道德情感，坚强的道德意志，巩固的道德信念。正因为如此，人们才会从那些默默无闻、兢兢业业地践履着这些道德规范的先进人物身上感受到人格的魅力和人性的力量。

案例4

抄表电工田大钱

魏勇清

荆楚电力在线 2010年01月04日

田大钱是建始县电力公司龙坪供电所的一名抄表电工。祖辈都是农民，家境算不上殷实。一出世，父母就给他取名叫“大钱”，希望他长大后能挣“大钱”，使家里过上富裕的日子，因此，他刚一成人，就让他学了个厨师，准备日后开饭店挣“大钱”。20世纪80年代初，因冷水河电站看好他的厨艺，聘他到电站当炊事员，田大钱遂与“电”结下了不解之缘，这一干就是二十六个年头，无论是在发电站上班，还是在供电所从事业扩抄表工作，他都以自己炽热的真爱，诠释着优质服务的真谛。从“四到户”开始，田大钱就承担着600多用户的抄表维护及收费任务，2009年，他的抄表用户增加至800余户，其范围涉及3个村8个配电台区，有3个台区不通公路，是一块沟渠相间、爬坡入谷、道路坎坷曲折的地方。

田大钱不善言辞，他的内心深处却蕴含着对事业、对工作、对客户的忠诚与热爱。他深知，“服务无止境，真情暖人心”，他用对事业的执著、细节的精致、工作的热情赢得了无数的感动，他多次被评为先进工作者，并被职工推选为职工代表。

带病抗灾点燃十五的灯

2008 年元月下旬，高山上白色的冰雪向人们昭示着寒冬的严酷，建始县最北部海拔最高点达 1882m 的高寒边远山区龙坪乡是冰雪灾害最严重的地区之一，一场百年不遇的冰凌雪灾使昔日的绿水青山变成了白雪皑皑的无声战场。

在人与自然的抗争中，田大钱用自己坚定的步伐和钢铁的意志，挑战着生命的极限；在没有硝烟的战斗中，他用执著的坚持，满腔的热血融化了坚固的寒冰。自元月 23 日 35kV 高龙线断线开始，他就与同事们一道向覆盖在茫茫雪域中的绵绵大山挺进，漫天飞雪中，一次一次的抢险，一次一次踏雪巡线，病了，晚上打点滴，白天继续战斗。2 月 19 日，在长岭岗抢险现场，他实在坚持不住了，一下子晕倒在地，同事们劝他回去休息，他说："怎么能一个人回去休息，这条线路大年三十就没有供电，俗话说，三十里的火十五的灯，正月十五不能再让老百姓摸黑了……"那天正好遇到解放军武汉总医院的医生来慰问，军医为他详细诊断后，嘱咐他到医院去检查治疗，可他和着雪水吃了几片药后，继续加入到抢险队伍，直到正月十五全乡恢复供电，期间他从没有离开过抗冰抢险现场。

用勤奋和细心降低线损

为使自己管的台区线损降到最低水平，他把每一户的用电负荷都装在了脑子里，每条线路、每块电表都刻在了心上，可以说，他管的台区线路分布及用电情况在他心中已形成了一张网络图和一张负荷运行表。他清楚，要真正降低线损，就必须从日常的维护上入手。特别是春冬两季，维护量较大，月抄表时，他随时都要查看线路是否有树枝靠上，发现问题及时处理，不能处理时及时报告，每一个表箱都要去验一下是否漏电，每块电表表尾的螺丝都要挨个紧一遍。这些工作都已经成了习惯，就是平时出门，只要哪里有线路，他都会很自然地看一看。冬季下雪，不需所里安排，他都要到各线路去查一查。

扬桥河变台曾经有两个月线损超标，田大钱下定决心，一定要找出问题。在对用户挨个检查，没有发现问题后，他便从该台区变压器的第一基电杆开始，一基一基地登上去检查，最后在线路末尾一根分支电杆搭火处，查出一根用铝塑线做的跳线搭在了横担上，造成间接接地，这一故障处理后，该台区的线损率又降低到了以前的正常水平了。

用执著的精神坐就安全

田大钱把“安全”二字视为生命。他常说：“只有安全了，才有生命！”只要一出家门，工具包就没有离过身，走路时，他就会自然地往路两旁张望，熟悉他的人都知道，他是在观察线路。

一天，田大钱歇假在家，妻子吩咐他买几包盐后回家吃早饭，谁知，田大钱却在去小集镇的路途中发现一根400V线路转角电杆拉线因农户耕田而出现松动，造成电杆倾斜。田大钱来不及向所里报告，迅速到街上买来铁丝做了一根临时拉线，然后与维护人员联系，在做好停电等安全措施后，他与同事一道将原拉线地锚挖出，重新埋好，将拉线恢复了原样。这一工作做完后，他才想起妻子吩咐的事情，心想这下可要吃“霉豆腐”了，于是赶紧到街上买好东西赶回家，这时太阳都要落山了。“你死到哪里去混了一天，还等你买盐回来做饭呢！”田大钱被妻子劈头盖脸骂了一顿，这样的事也不知有多少回了。

正是凭着这种执著的精神和细致的工作，他管辖的范围内没有发生过任何供电事故。

用爱心换来用户的信任

对客户，他有金子一般的爱心，“对客户的爱，就是对人生的爱，对社会的爱。”田大钱以自己善良的品性，无私无悔地帮助社会群体，给供电优质服务注入了更多的人文主义情怀。

一个冬日的晚上10时左右，离他家有10多里路的桃园垭用户李万根因家里电灯不亮，打电话找到他，他二话不说，带上工具冒着刺骨的寒风直奔李万根家。经室内室外的仔细检查，都没发现问题，最后才发现，原来是用户没有将电源闸刀合上，真是让人哭笑不得，李万根大不好意思，连连道歉，并执意要留他过夜，田大钱婉言谢绝了李万根的好意，为避免同样的事情再次发现，他详细给用户讲解了相关用电知识。

界碑垭一位70多岁的老人吴兴远，长期孤身在家，其女外嫁，家境极其困苦，有时没钱交电费，田大钱便为其垫付……这样的例子在他十多年的电工生涯中太多了。这样的服务，乡亲们看在眼里，暖在心里，他用真诚服务换来了用户的信赖，因此，当别人常为电费收不齐而头痛时，他管辖的地方电费基本都能月月结零，而且用户也从来没有因电费电价问题上访告状的。用他的话说，干了这一行，就得有这一行的道，如果你真心为老百姓供好电，服好务，用户不会不交电费的。

供电服务的路永无止境

田大钱永远是那样的忙碌。无论是天晴还是下雨，抑或是冰天雪地，也无论是在茂密树林中的羊肠小道上，还是田间地头、商店、学校和农家小院，人们时常会见到那个黑红的脸膛、粗糙的双手，身背一个磨旧了的电工包，双脚满是泥巴的“大钱”。

田大钱永远那样的勤恳，无论是冰天雪地还是深更半夜，只要用户有需求，他都会送去温馨满意的服务，日复一日，年复一年，用沾满泥巴的双脚丈量着大山每一村土地，用心灵点亮万家灯火，用纯粹而普通的人生铸就我们农电事业的光辉。

点评：

服务群众、奉献社会，也就是指为人民服务。它是社会主义职业道德的灵魂，应当成为每一个从业者的座右铭。服务群众，就是指在职业活动中一切从群众的利益出发，为群众着想，为群众办事，为群众提供高质量的服务。奉献社会，是职业首要的最高要求，也是为人民服务和集体主义精神的集中体现。

抄表电工田大钱二十六个年头，无论是在发电站上班，还是在供电所从事业扩抄表工作，他都以自己炽热的真爱，诠释着优质服务的真谛。他不善言辞，但内心深处却蕴含着对事业、对工作、对客户的忠诚与热爱。

带病抗灾点燃正月十五的灯，这是一种急人民所急，想人民所想，服务人民的奉献精神！

用勤奋和细心降低线损，这是一种以国家、人民利益为重，兢兢业业的严谨工作态度！

用执著的精神垒就安全，这是一种把人民的生命、财产时刻装在心中安全责任意识！

用爱心换来用户的信任，这是一种对客户服务至真，无私无悔换来信任的真诚服务！

田大钱在服务农电事业中是那样的勤恳、执著、真诚、温馨，日复一日，年复一年，在服务至真的平凡工作中展示出的职业精神和职业境界，是新时期电业人的骄傲，是我们这个时代的骄傲。是人格的升华。

案例5

热血谱就正气歌

——记随州见义勇为农电工何少武

廖启涛　张家广　胡艳萍　郑义

湖北电力报20100101期

面对5名盗贼的恫吓和尖刀威胁，他无所畏惧挺身而出，赤手空拳与对方展开激烈搏斗。在被尖刀刺中胸口后，他捂住胸口、强忍剧痛追凶不止，鲜血喷洒在百余米长的路面，最后终因体力不支晕倒在地。他就是随州市曾都区府河镇供电所23岁的农电工何少武。

连日来，何少武浴血斗盗贼的事迹被中央电视台、新华网、《湖北日报》等10多家新闻媒体广泛报道，在我省社会各界和全省电力系统引起强烈反响。省电力公司总经理余卫国、党委书记梁国庆要求，要学习宣传何少武的先进事迹，继承和发扬中华传统美德，培育高尚的道德情操，努力践行国家电网“诚信、责任、创新、奉献”的核心价值观。

（一）

2009年12月13日晚8时许，随州市曾都区府河镇。

吃过晚饭、正在家中休息的府河供电所农电工何少武隐约听到邻居“抓小偷、抓小偷……”的呼喊声，他穿着拖鞋跑出门，得知邻居家的摩托车刚刚被偷，而盗贼已驾驶盗获的摩托车逃离了现场。

来不及多想，何少武开着自家的“面的”，载着那位受害的邻居，冒着冬夜刺骨的寒风，朝盗贼逃跑的316国道方向疾驶。追了10多千米后，在316国道广水市马坪路口，何少武看见5名男子驾乘两辆摩托车，其中一辆正是邻居丢失的。何少武连忙将他们逼停。

“想搞么事?!”5名男子凶巴巴地说。

“这辆摩托车是我们的!”何少武一边上前指认，一边和同伴拦住盗贼。但对方仗着人多势众，不把他们放在眼里，其中一个瘦高男子下车推开何少武，企图掩护同伙开溜。

“摩托车是不是偷的，等派出所的人来了就知道了。没偷，你们为什么要跑?!”何少武见状急忙拽住瘦高男子不放。此时，瘦高男子气急败坏，猛地将身材单薄的何少武推了一个趔趄。何少武怒火升腾，返身冲着瘦高男子大喝：“别跑!”

3 名盗贼见势不妙，骑上一辆摩托车就逃。瘦高男子仓皇之下，朝国道旁边的乡间小路逃窜。何少武在追赶了200m 后，从瘦高男子后面扑了上去，抓住了对方的衣服。由于用力过大，这名男子上衣的肩章被何少武生生拽脱。

见何少武不依不饶，瘦高男子凶相毕露，掏出一把四五寸长的尖刀比划着：“再过来，老子捅死你!”但何少武没有退缩，再次向瘦高男子扑过去。就在何少武抓住瘦高男子衣服的一刹那，瘦高男子挥舞尖刀向他捅过来，何少武顿时感到胸口一阵冰凉，用手一摸，都是血!

鲜血不断喷涌，但何少武依然没有停下脚步。他捂着胸口、忍住强烈的伤痛，继续朝逃窜的瘦高男子追去。鲜血，一滴、两滴，洒落在百余米长的乡间小路上。由于呼吸急促、浑身乏力，他跑了一段路后感到跑不动了，但他还是不停高喊“抓小偷!”。

半个小时后，盗贼被随后赶到的民警及群众陆续抓住，何少武却因体力不支晕倒在地。

随后，何少武被当地群众紧急送往随州市中心医院抢救。在医院检查时发现，他上半身已经血红一片，而且血迹还在顺着腰部往下渗透。据医生介绍，何少武被刺在胸口，如果伤口再深一点，就会危及生命。

目前，何少武正在医院接受进一步治疗。

（二）

宝剑锋从磨砺出。何少武浴血斗盗贼的壮举决非偶然。

何少武出生在府河镇严家畈村。提起何少武，乡亲们交口称赞："这孩子吃苦耐劳，乐于助人。左邻右舍，谁家有事需要帮助，他总是跑前跑后，毫无怨言。"由于喜欢读英雄故事和武侠小说，何少武还特别喜欢打抱不平。1997 年在深圳打工期间，他看到一个商贩老板正在欺负一个身无分文的外地流浪汉，他不仅上前劝架，还掏出 50 元钱给流浪汉作回家的路费，感动得流浪汉泪水涟涟。

由于在村里口碑好，2009 年 6 月，何少武被府河镇严家畈村党支部推荐，参加当地农电工的招聘考试，最终以优异的成绩脱颖而出，成为府河供电所的一名农电工。短短半年来，何少武表现出勤奋好学的良好品质，抄核收、外线作业等业务水平提高很快，府河供电所的同事们对他众口一词："对工作兢兢业业，对客户服务热情，是一个正直、善良的小伙子。"

府河供电所所长陈令发介绍："上个月曾都区北部下起了暴雪，两个村子的变压器烧了，为了及时让群众用上电，小何跟着师傅们从早忙到晚，白天都顾不上吃饭，骑着摩托车冒雪往返运送材料。"

在工作之余，何少武默默坚持做好事。"就在事发前两天，府河镇国道上出了一起车祸，他当时在一旁看到了，主动开着家里的面包车帮忙抬运伤者。我知道后说，现在多一事不如少一事，小心别人赖上你！少武说，看到那么凄惨的场景和伤员痛苦的叫声，只要是有良知的人都会伸出援手的。”提起何少武，他的父亲内心充满了骄傲和自豪。

12月22日，记者采访何少武时，还听到这样一个“插曲”——伤情刚刚好转，何少武就提出要求：“想提前出院!”他说，早点回家休养，好节省些医疗费给那些更需要的人们。质朴的话语，让在场的医生和护士感动不已。

（三）

鲜花，祝福，敬意，闪光灯。

连日来，何少武的英勇事迹在社会各界引起强烈反响。随州市委书记马清明作出批示：何少武同志见义勇为的英雄壮举展现了时代精神，弘扬了社会新风，产生了强烈的社会反响，应作为一个重大典型大力宣传其英勇事迹，开展全市学习活动，促进和谐随州建设。随州团市委授予他“随州市见义勇为好青年”荣誉称号。中央电视台、新华网、《湖北日报》、《湖北电力报》等10多家新闻媒体先后对此进行了报道。许多市民还自发来到医院看望何少武，鼓励他早日康复。

12月22日，受湖北省电力公司领导的委托，随州供电公司总经理吴国诚、党委书记周清慰问了何少武。28日，省电力公司政工部、农电部等相关部门负责人还专程到病房看望慰问他。随州供电公司党委和省电力公司团委还相继发文，要求迅速掀起学习何少武同志先进事迹的热潮，教育和引导广大员工以何少武为榜样，努力贯彻落实国家电网公司《企业文化手册》和《员工行为规范》，践行“诚信、责任、创新、奉献”的核心价值观。

病床上，何少武脸色依旧苍白，面对记者，他说：自己只是做了一点力所能及的事。“换了别人也会这样做！”质朴的言语，折射出一个见义勇为农电工的动人品质。

点评：

见义勇为、匡扶正义、扶危济困，是中华民族的传统美德和民族精神，是时代精神的具体体现。在国家、集体利益和人民群众生命财产受到严重威胁和不法侵害时，见义勇为的英雄和先进分子临危不惧，挺身而出，与违法犯罪分子和灾害事故展开英勇搏斗，用汗水、鲜血乃至生命谱写人民英雄感人至深、催人泪下的奉献壮歌。

身材单薄的何少武面对 5 名盗贼的恫吓和尖刀威胁，他无所畏惧挺身而出，赤手空拳与对方展开激烈搏斗。在被尖刀刺中胸口后，他捂住胸口、强忍剧痛追凶不止，直至晕倒在地。

在这场以少对多，以弱对强的搏斗中，何少武面对挥舞的尖刀，不顾个人安危，奋不顾身扑向盗贼，凭着见义勇为、匡扶正义的伟大精神支撑，拖延了盗贼的逃窜。他以实际行动诠释了一名普通人的人性光辉，让我们在和平年代，再次目睹了平凡人的壮举。一个英雄的真正品质！

宝剑锋从磨砺出。何少武浴血斗盗贼的壮举决非偶然。当地乡亲们对他交口称赞：“这孩子吃苦耐劳，乐于助人。”还特别喜欢打抱不平，“是一个正直、善良的小伙子。”他“想提前出院!”是好节省些医疗费给那些更需要的人们！面对鲜花，祝福，敬意，闪光灯，他只是淡淡地说：“换了别人也会这样做!”这就是一个普普通通农电工成为时代英雄的轨迹。

不是每一朵花都能代表爱情，但是玫瑰做到了；

不是每一种树都能耐住干渴，但是白杨做到了；

不是每一个人都能舍生取义，但是何少武做到了！

见义勇为是中华民族的传统美德和民族精神，深深扎根于中华民族悠久灿烂的历史长河中。然而在建立和完善社会主义市场经济体制的今天，“见义不为”、漠然冷对英雄血的不道德行为却越来越多地出现在我们周围，以致人们地纷纷感叹世风日下、人心不古，强烈呼唤见义勇为精神的回归。何少武见义勇为所表现出来的强烈的社会责任感和疾恶如仇、伸张正义的英雄壮举，展现了时代精神，弘扬了社会新风，产生了强烈的社会反响。

党的十六大明确提出：“民族精神是一个民族赖以生存和发展的精神支撑。一个民族，没有振奋的精神和高尚的品格，不可能自立于世界民族之林。”在建设中国特色社会主义伟大事业的进程中，进一步弘扬见义勇为精神，具有特殊重要意义。见义勇为英雄与违法犯罪行为和灾害事故作坚决斗争，他们流血、受伤，甚至献出了宝贵的生命，他们公而忘私、舍己救人的英勇行为，写下了一曲曲时代的颂歌。大力弘扬见义勇为精神，就是全面贯彻党的十六大精神和“三个代表”重要思想的生动体现，也是改革开放新形势下加强社会主义精神文明建设和社会治安综合治理的重要内容，对于维护社会稳定、促进社会风气根本好转具有重要的意义。

案例 6

特殊的较量——刘朝阳的反窃电故事

龚建民

湖北电力报　20090227 期

这是一个特殊的战场。

这是一种特殊的较量。

虽然很少有刀光剑影的场面，但是，智商与智商的博弈、胆魄对胆魄的对峙，仍然让人震撼。

(一)

刘朝阳，襄樊供电公司稽查中心检查室主任，连续两年获得襄樊供电公司颁发的突出贡献奖。

刘朝阳说，也不知道为什么，当时他的直觉告诉他，那家酒店用电肯定有问题。

那是一个初春的傍晚。刘朝阳和几个身着便装的年轻同伴正在参加一次打击窃电行为的专项活动，按照正常的工作计划，他们已经结束了当天的工作。刘朝阳当时还没有正式调到襄樊供电公司稽查中心，是临时从县公司抽调来参加活动的，这个小伙子懂技术，肯钻研，办事认真，有股子倔强劲，因此是稽查队伍中的骨干。

他们走在襄樊市区热闹繁华的大街上，发现路边那家酒店的生意十分红火，天还没有黑定，酒店就灯火辉煌，宽敞的停车场密密麻麻停满了车辆，食客进进出出。

“酒店的生意这么好，为何每月却用不了多少电量?”突然，刘朝阳脑子里冒出一个疑问。他们停住了脚步。刘朝阳他们的包里就有一本账，记录着市区各大酒店和公共娱乐场所的电力配置和用电情况。从掌握的资料来看，这家酒店所用的电力负荷有时候甚至比一些小规模的酒店都要低，有些不正常。

他们决定暂时不回家，到酒店检查一下配电设施，查个究竟。

从酒店管事说出的第一句话，他们就敏锐地发现，酒店的用电肯定有猫腻。

他们亮明身份，说要到配电室去看看，管事的脸上不容察觉地掠过一丝惊慌，但很快就镇定下来。他说：“你们真辛苦，这个时候了还在忙，你们先坐，我去找找管配电室的人。”刘朝阳他们坐在一个可以看到配电室的地方，防止有人回去消灭痕迹。不一会，管事的过来告诉他们，负责配电室的人外出了，要看的话，请明天来。他们说，我们就在这里等他回来。管事的说可能会很晚。他们说，没事，再晚我们也等。

刘朝阳说，“查窃电，关键是要查到证据，如果不能做到当场查获，肯定失败。”

酒店管事见一计不成，又想出一招：热情地说要安排他们就餐。接着又像是突然想起来似的，说那人可能到武汉出差去了，今天回不来。刘朝阳他们笃定地说，“回不来我们也要等，一直等到他回来。”说话的工夫，刘朝阳突然听到配电室里有响动，他想：“坏了，有人进去了。”连忙起身跑了过去，隔着窗户一看，悬着的心又放了下来。原来，配电室里放养了一只大狼狗，估计是要吃东西，在那里窜来窜去。

刘朝阳他们派人买来了盒饭，边吃边商量决定当晚留守，一定要查个明白。

夜深了，停车场变得空空荡荡，酒店的灯也一盏盏地熄灭。这时，不远处晃来晃去的几个可疑人影，引起了他们的高度警觉。有些窃电者利令智昏，什么样的手段都会使出来，看来，必要的防护措施还是要加强的。为了安全起见，他们迅速报警，请求公安机关配合，保证人身安全。

也许是警察的大檐帽起了作用，也许是一场虚惊，那几个身影消失了。

那一夜，他们担惊受怕，时刻关注着周围的动静。

在蹲守了整整16个小时之后，第二天上午10点，他们的执著有了收获，配电室的门终于被打开，刘朝阳一眼就看到被破坏的计量装置，窃电事实被当场核实，记录在案。

这家酒店最终交付追补电费和违约使用电费共计34.5万元。

(二)

姓名年龄籍贯，知道为什么到这里来吗?

这几份公安机关的询问记录，几乎都是同样的开头。

“都是那个跑了的电工搞的事，只知道他姓张，好像是孝感人。他说他可以帮我省点电，我告诉他搞不得，那是犯法的，变压器上面装有监视器。他说那就算了，就不搞了。说这话的时间是5号，结果他还是搞了，有人看见他在变压器上鼓捣，还停了一会电。6号他们供电公司的人就来了，说发现我们在窃电，还拍了照片。说老实话，我是真不知道，知道了我就不会让他搞的。真的是从5号开始的，第二天就被发现了。”

以上的这段讲述，出自襄樊某私营企业老板李某之口。李某的妻子马某和帮工张某也接受了审讯，内容惊人的相似，都把责任推卸到张某身上，反正张某已经跑了，谁也不知道跑到哪里去了，查无对证；再就是避重就轻，把窃电的时间锁定在5号，因为6号才被抓住证据了，算起来只是偷了一天的电，就是罚款也罚不了多少。

李某显然不知道——刘朝阳和用电检查人员盯住他的加工厂已经不是一天两天了。

李某的汽车零部件有限公司，加上他的妻子，一共只有14个人，生产加工汽车的刹车鼓，生产方式是用中频炉化铁铸件，除了废铁等原材料之外，用电量的多少直接关系到成本的高低。而且李某的公司没有设专门的电工，谁操作中频炉，就负责配电装置，也就是说，用电的和管电的都是同一个人。

这种小作坊式的高耗能加工企业，一直是用电检查重点监管的对象。检查人员根据对方的用电资料，把疑点较多的用户作为个案反复研究。

李某两台半吨的中频炉，平均五六天就要开一次炉。从每月反映的电量来看，有的月份可以达到22万kWh，有的月份又只有14万kWh，这一高一低将近8万kWh电量的差距，仅仅以开炉次数的多少来解释，显然是没有道理的。

那段时间，刘朝阳特地没有安排对李某的例行检查，只是在暗处加大观察力度。

果然，狐狸尾巴不久就露出来了！6号那天是开炉的日子，开中频炉的就是那位姓张的电工。开炉之前，张电工做了一番特殊的操作，撬开计量箱锁具，拆开计量箱变压器低压桩头封闭罩，从配电柜内将供中频炉使用的空气开关出线直接拆除后，转接到变压器低压桩头上，进行一次越表用电方式的窃电。

说时迟那时快，刘朝阳和稽查人员突然出现在配电装置旁，张电工顿感不妙，连工具都没顾上拿，一溜烟地跑了。

刘朝阳他们抓了个现行，李某承认窃电事实，尽管他在公安机关有上述那一段辩词，把责任都推到不见踪影的电工身上，但是根据《供电营业规则》的相关规定，他需要追补电费和违约使用电费共23万元。他在决定书上面签字画押。

第二天，李某的妻子马某急急忙忙地赶到供电公司稽查中心，找到刘朝阳，一边认错，一边要求看有李某签字的处理决定书。马某一把夺过处理决定书，几把撕碎，放在嘴里嚼嚼之后，硬是吞咽了下去。原来，马某以为把李某的签字吞下肚，就可以否定以前认定的违约金额，没想到刘朝阳给她的是复印件，原件早已存档。

刘朝阳说："你这是何必呢？怎么罚，罚多少，都是有根有据的，都写得明明白白。我提醒你，我们已经建议公安机关依法追究电工的刑事责任了。"

马某顿时满脸沮丧。

(三)

查处那家房地产开发公司的窃电案颇费一番周折。

工程的建设规模不小，施工的场面也很大，可是每月使用的电量却比其他同类型工程少得多。刘朝阳他们多次到工地去检查，却没有发现异常，电力计量装置完好，专用锁也没有问题。

为了掌握第一手资料，刘朝阳把正在施工的同类型的几家施工单位的月用电量列了一张清单，经过近两年的数据对比，认定这家房地产开发公司在用电上做了手脚。

问题出在什么地方？难道他们的手法真的是那样高明，真的无法发现吗？刘朝阳每次经过那家工地的时候，心里总是涌出许多疑问，眼看大楼很快就会进入收尾阶段，如果再查不出窃电的证据，电量损失就很难挽回。

刘朝阳突然想到了那堆建筑垃圾，高高的一堆，莫非这堆垃圾里“别有洞天”？他赶紧和同事赶到工地，把垃圾扒开。果然，电力计量装置旁边的封印被人动了手脚，断开电能表A相、C相电压线和零线进行窃电。

施工单位相关负责人看到事情败露，恼羞成怒，拒绝配合、拒绝签字、拒不承认他们动了手脚。稽查人员严格把握工作程序，用了四个小时的时间勘察现场，全程录音、全程录像，在工地醒目位置张贴违约用电事实，然后当即宣布先做停电处理。

事情到此并没有结束，建筑单位以工程转包多次、他们不知情为由，认为供电部门确定的违约电量与事实不符。僵持半个月之后，对方的代理律师找到刘朝阳，要求和他谈谈。

刘朝阳拿出那张同类型施工用电的对比表，一个月一个月地算、一笔一笔地算，终于算得对方心服口服，无言以对。

施工单位终于在违约处理决定书上签了字，这次追补电费和违约使用电费共36万元。

(四)

按照常识，一般用户的配电装置容量要大于实际使用的负荷，这样才能保证电能质量和用电安全。如果经常出现超负荷现象，说明用户是小马拉大车，通过少交基本电费来谋取私利。

一家化肥厂从2006年开始，连续八个月出现超负荷用电情况，其中一个月平段超负荷1594.79kW，还有一个月全月超负荷1525.26kW。稽查中心对该户进行重点检查，多次到现场查看，根本看不出异常。刘朝阳收集整理了用户的历史资料和数据，反复分析比较，排除了所有可能出现的因素之后，他判断化肥厂计费变压器容量与实际使用变压器容量不符，存在着违约用电的行为。

有了这个推想之后，刘朝阳就耐心地等待时机。

一般来说，化肥生产有季节性，淡季的时候，厂方为了节约电费，会申请暂停部分变压器。2007年元月，化肥厂又申请报停两台2500kVA的变压器。这是一个难得的机会，刘朝阳立即带着专业技术人员赶过去，对化肥厂的三台变压器进行特性实验。

经过现场测试，化肥厂违约用电的事实浮出水面。原来，两台铭牌标注为2500kVA的变压器，实际额定容量都是3150kVA，也就是说，化肥厂与供电部门合同约定的计费变压器容量是6570kVA，而实际使用的变压器容量是7870kVA，超出合同约定容量1300kVA。

那些变压器铭牌都是伪造的。

按照相关规定，化肥厂需要补交基本电费和违约使用电费，总计金额达到160多万元。

化肥厂一次性交付121万元，法人代表签下还款计划书，剩下的40多万元在2008年5月交付。这是襄樊历年来一次性追缴的最大一笔违约使用电费。

（五）

生产化肥用的原材料用电，还是生产化肥用电，这里面有什么区别吗?

区别大了。

国家对化肥产品有优惠政策，但是，在整个工艺流程里，生产化肥的用电可以享受优惠，而生产化肥用的原材料用电不属于中小化肥用电，不能享受优惠政策。

开展化肥用电清理专项活动的时候，刘朝阳对化肥生产工艺流程一窍不通，他到那家化工公司去，人家告诉他说：“我们这里都属于化肥生产，不存在原材料生产，要不，请你指出来哪些属于原材料生产？你要什么资料，只要提得出来，我们都给你。”人家拿准了你不懂行。

刘朝阳气得脸色发黑。

搞不清化工的生产流程，认定不了哪些属于生产化肥所必需的工艺，哪些属于添加的原材料，就无法给这些产品和原材料归类，也就没有办法给原材料和产品的用电电价定位。

怎么办?

光靠讲道理是不行的，没有人拿钱去买道理。在和对方公司的谈判时，对方嘴里不时冒出专业的化工名词，甲醇甲醛浓硝酸铵硝酸钠硝酸钾，什么煤气化什么低压脱硫什么甲醇合成等等，一股脑地抛出来，听得刘朝阳他们一头雾水。

稽查中心主任任长虹支招：请退休的化工专家帮忙梳理。副主任藏雷说，买专业书籍，啥不懂就学啥。襄樊没有，就到武汉买。刘朝阳说，他们先后收集、购买化工方面的书籍 20 多本，其中《合成氨生产技术》、《合成氨技术手册》不知道翻了多少遍，多少了解这方面的知识。

在化工专家的帮助下，他们绘制了详细的产品生产流程工艺图，在每一个环节上给每一种材料的变化定位，思路逐渐地清晰起来，范围也在逐步缩小。

这时的刘朝阳可以理直气壮地告诉这个厂家："合成氨工艺流程中煤造气的煤棒车间、水的软化及脱盐、污水处理、供水、供气等属于生产化肥用的原材料用电，属于中小化肥生产过程中的中间体，不能享受优惠政策待遇，而应该执行大工业用电电价。"

七次艰难的谈判，谈得昏天黑地，对方轮流上阵，说得赢就说，说不赢就换人，谈到最后，轮到对方目瞪口呆了。他们无法想象，这些看上去只懂电的小伙子，什么时候变成了化工行家，拿出来的证据实实在在，无懈可击、无法辩驳。对方无奈说："我的天，你们太敬业了。"

这场较量持续了近一年的时间，最终把大工业用电占有比例从4%提高到9.4%，仅此一项，每月便可增收电费23.166万元。化工公司被追补电费和违约电费共计418.09万元。稽查中心以此为突破口，对另外九户化肥企业展开清理，共追补电费和违约电费665万元。

刘朝阳只是用电检查人员中的优秀代表，仅2008年一年，襄樊供电公司累计检查46 287户，追补电量35 135 077kWh，补收电费850多万元。

点评：

爱岗敬业就是认真对待自己的岗位，对自己的岗位职责负责到底，无论在任何时候，都尊重自己的岗位职责，对自己岗位勤奋有加。它是人类社会最为普遍的奉献精神，它看似平凡，实则伟大。我国素有"敬业"、"乐业"、"勤业"、"精业"之说。敬业就是尊重职业，乐业就是热爱职业，勤业就是明确责任、恪尽职守，精业就是提高职业技能。

诚实守信、办事公道，是各行各业都应做到的基本要求。因为每一种职业都承担着一定的社会责任，都掌握着一定的社会权利，都有着一定的利益关系。市场经济的发展，特别需要强调诚实守信。只有做到诚实守信、办事公道，才能更好地发挥每一个行业、每一个岗位的社会功能。

用电稽查人员，一群从事特殊工作的供电人。

对遵纪守法的客户，他们是安全用电的守护者、客户生产经营的好参谋；对违约用电、侵吞国家利益的违章者，他们是法律、法规的执行者，是公平、公正的代表；他们是供电企业与客户之间构建和谐用电关系的桥梁和纽带。

刘朝阳是用电稽查人员中的优秀代表。给予我们的启示是：

只要选定了一个职业，就必须承担社会和时代赋予这个职业的使命和责任。

只要选定了一个职业，就必须不懈努力，向人们展示这个职业在社会中特有的地位。

只要选定了一个职业，就必须以一种专业、专心、专注的专业精神，彰显这个职业对社会的贡献。

从刘朝阳身上那种孜孜以求，不懈探索的创新精神告诉我们：

只有爱岗敬业的人，才会在自己的工作岗位上勤勤恳恳，不断地钻研学习，一丝不苟，精益求精，熟练地把握职业技能，才能胜任自己的工作，更好地为企业服务。才有可能为社会为国家做出崇高而伟大的奉献。

办事公道，就是在职业活动中做到公平、公正，不谋私利，不徇私情，不以权损公，不以私害民，不假公济私。

努力超越，追求卓越。

坚持社会主义荣辱观

古语云："无善恶之心，非人也。"因此，明是非、知荣辱、辨美丑乃人所以为人的重要标准。清代思想家龚自珍也说："士皆知耻，则国家无耻矣；士不知耻，为国之大耻也。"胡锦涛总书记于2006年3月关于"八荣八耻"的重要讲话中强调，要引导广大青少年树立社会主义荣辱观，对青少年思想道德修养提出了更加具体的要求。

马克思曾经说过，"一个时代的精神，是青年代表的精神；一个时代的性格，是青年代表的性格。"时代的变换，始终与青年的责任紧密联系在一起，新时代的青少年只有在正确的荣辱观指导下才能健康成长。

当前社会风气总体来说是好的，青少年的主流思想是积极向上的。20世纪90年代以来，中国青少年研究中心会同10省市青少年研究机构进行的多次大样本调查显示，当代中国青少年的国家民族意识、社会责任感、对新知识新科技的敏感、用奋斗改变自己和国家命运的自觉以及对未来过上更加富裕生活的预期等，一直保持在较高的认同水平上，这与社会进步对青少年的期待是基本吻合的。但我们也必须清醒地看到，大量涌入的外来思想文化、正在转型时期的社会环境、飞速发展的信息技术，对社会风气正产生着深刻的影响，其中消极的一面导致了令人担忧的现象，如金钱万能导致人们对金钱的贪欲，坑蒙拐骗导致人们诚信的缺失，利欲熏心导致人情的冷漠等。这些市场经济的负面影响，社会转型过程中的一些特殊矛盾，以及信息化、全球化带来的多元化影响，都对我们的全面健康成长带来严峻挑战。由于生活的场景中充满市场的喧嚣和急功近利的浮躁，由于经济全球化、政治多极化、文化多元化的复杂环境的选择困惑，由于对社会急剧变革的诸多不适应，也由于我们本身还不成熟并易受感染，面对许多“颠覆性”文化思潮的入侵，我们中的相当一部分人的价值坐标已经由“社会本位”向“个人本位”倾斜。传统道德对我们的约束力弱化，有些人辨别是非、善恶、美丑的能力发育不完全，分不清“新鲜的东西”和“最好的东西”之间的界限，对“新鲜的罪恶”缺少应有的警觉；也有的人盲目地把“时髦”误读为“先进”，把“另类”误读为“时尚”；把“奢侈”误读为“品位”；把“淫乱”误读为“潇洒”；把“流星”当成“明星”来崇拜，在模仿学习的过程中误入歧途，丧失国格人格，甚至走上违法犯罪的道路。青少年价值观、荣辱观已经出现的偏失不容忽视。“八荣八耻”的精辟概括，对于新时期青少年社会主义荣辱观教育有着现实的针对性。

案例 1

大山深处孤身支教——徐本禹

徐本禹，男，中共党员，1982 年 4 月出生，山东聊城人，华中农业大学 1999 级经济学专业学生，2003 年他以优异成绩考取本校研究生，为履行承诺，放弃读研机会，志愿到贵州山区义务支教两年，2007 年作为共青团中央海外援助志愿者，远赴非洲津巴布韦继续其支教事业。徐本禹先后荣获共青团中央中国青年志愿服务金奖、第十一届中国青年五四奖章等荣誉，当选中央电视台2004“感动中国”十大年度人物等，2007年当选党的十七大代表。

2002年暑期，当时还是大三学生的徐本禹参加社会实践活动，到贵州省大方县猫场镇狗吊岩村一所岩洞小学支教，被那里极为艰苦的生活条件、极差的办学条件以及山区孩子强烈的求知渴望深深震撼。暑期结束离开时，面对依依不舍的孩子们，徐本禹向孩子们许下了诺言：“大学毕业再回来教你们。”2003年，徐本禹高分考取了学校公费硕士研究生。他提出保留两年入学资格，到贵州支教。当年团中央西部志愿者计划并没有给学校分配贵州支教的指标，他如果到贵州支教就得不到志愿者每月的生活补助，没有生活保障。学校老师和同学都提醒徐本禹慎重考虑，远在山东农村的父母也希望他能尽快完成研究生学业。面临着艰难的抉择，徐本禹经过了认真思考，决心实践他的“阳光下的诺言”，哪怕放弃读研的机会，也要返回岩洞小学。学校了解到这一情况后，认为徐本禹的选择体现了当代大学生诚实守信、自觉承担社会责任的可贵精神，决定破例为他保留两年研究生入学资格。

长达两年的义务支教，其艰苦程度大大超出原来的想象。他先后支教的大方县猫场镇狗岩洞小学和大方县大水乡大石小学，地处海拔1500多米的大山区，不通电，不通公路，不通电话，没有自来水，主食是玉米渣子，气候也比较恶劣。在艰苦的支教工作中徐本禹落下了胃病，视力在煤油灯下急剧下降。内心的孤独和寂寞更是令他痛苦万分。没有人交流，没有人倾诉。在精神生活和物质生活双重匮乏的山村，他也曾动摇过，感到自己快支持不住了，可每到这时，想起自己阳光下的诺言，他就决心无论多苦也要坚持下去，做一个言而有信的人。就这样，徐本禹在贵州山区义务支教整整两年，过年都没有回家。

徐本禹一直坚守着“答应别人的事情一定要做到”的做人原则。支教期间，他对孩子们说，有机会我一定带你们走出大山到北京去看看。为了实现这个诺言，他做了很多努力，获得社会各界大力支持。2006 年暑期，山里的孩子们终于如愿到了北京。为了兑现他说过的“要让这里的孩子们都能上学”的诺言，在做好支教工作的同时，他四处奔波，为改善当地办学条件争取社会援助，在当地建成了两所希望小学，使大水乡适龄儿童入学率达到 98%以上。为了兑现他承诺的“每分钱用到孩子们身上，每笔捐款都要给资助者一个交代”的诺言，几年来，他给每个捐款者回复了信息，建立了华农贵州支教基金网，如实公布每笔捐款的用途。从 2004 年 7 月至今，徐本禹先后收到捐款上千笔，金额达到 100 多万元；收到捐赠物资数十万件，折合金额超过 500 万元，笔笔有回复，件件有着落，没有出现一点差错，没有引起一点质疑，受到了捐资者和社会各界的好评。

徐本禹就是这样，用自己的行动诠释和践行了诚实守信的传统美德，担负起了当代大学生的社会责任，成为广大青年学习的楷模。

点评：

2004 年 7 月 11 日，一篇题为《两所乡村小学和一个支教者》的帖子出现在因特网上的“天涯论坛”上，内容是关于一个学生到西部农村支教。后来几个月间，几十万人点击了它，几千人发跟帖，还惊动了一位省委书记，改变了几百名孩子的命运。那个支教者就是徐本禹。当初奔赴大方县猫场镇狗吊岩村为民小学，22岁的徐本禹只为“喜欢教那些孩子”，为此他放弃了读研究生的机会。

天涯论坛上有人发回帖说：“徐本禹应该改名，叫汝本愚，意思是说，徐本禹你这么做很蠢啊！国家培养一个本科生的成本需要4.5万元，这还不包括学生家庭的投资。回报社会应该有很多方式，可是你徐本禹却选择了性价比最低的方式，完全不符合经济学原理！”而徐本禹说：“有的人一辈子收获不了一滴眼泪，可这个暑假，我几乎每天都被感动包围着。”正因为感动，徐本禹去了，正因为徐本禹去了，大方县的为民小学和大石小学变了。

徐本禹曾经回到母校华中农业大学作报告。谁也没料到，他在台上讲的第一句话是：“我很孤独，很寂寞，内心十分痛苦，有几次在深夜醒来，泪水打湿了枕头，我坚持不住了……”本以为会听到豪言壮语的许多学生眼泪夺眶而出。在得到很多支持和资助后，徐本禹仍然是那个记着“我娘讲的道理：当别人需要帮助的时候，伸出你的手”的山东农村小伙子。他会哭，会笑，会痛苦，也像许多男生一样为失恋而烦恼。徐本禹说，一根火柴本来只是为了能发出自己的一点亮光，但它点燃了整个天空，可火柴还是那根火柴。

如果眼泪是一种财富，徐本禹就是一个富有的人，在过去的一年里，他让我们泪流满面。从繁华的城市，他走进大山深处，用一个刚刚毕业的大学生稚嫩的肩膀，扛住了倾颓的教室，扛住了贫穷和孤独，扛起了本来不属于他的责任。也许一个人的力量还不能让孩子眼睛铺满阳光，爱，被期待着。徐本禹点亮了火把，刺痛了我们的眼睛。荣辱观是基于人们的自尊心、名誉感、光荣感等形成的一种复杂的道德情操，是价值观的伦理支撑或道德表现。它有两方面的含义：一是指人们对社会作出贡献后，得到社会的公认和褒奖。这是社会对人们社会行为的评价。二是指个人对自己行为的社会价值的自我意识，表现为自尊心、自爱心和荣誉感。荣辱观是由世界观、人生观、价值观所决定的。不同的荣辱观，是不同的世界观、人生观、价值观的反映。一个人如果具有正确的荣辱观，他就会非常关心自己的行为后果及其社会评价。为获得社会对自己的肯定，提高自己的社会价值，就必然会依据社会价值观念、道德规范衡量自己的行为，不断调整自己的行为方向，以使自己的行为与社会价值目标保持协调一致，趋荣避辱。相反，一个人如果缺乏荣辱观，对社会的评价无动于衷，就必然会缺乏强烈的自尊心和自豪感，就会消极萎靡，自甘落后，走向沉沦，对各种社会义务、社会规范和他人的利益麻木不仁，无动于衷。荣辱观渗透在整个社会生活之中，不仅影响着社会风气，体现着社会的价值导向，标志着社会的文明程度，而且对社会经济文化的发展也产生着重要影响。

崇尚科学知识、遵守社会公德

科学，是人类认识世界，揭示事物发展的客观规律；是人类探求客观真理，改造世界的指南。在认识和探求客观事物发展规律的过程中，人类形成了庞大的科学知识体系。但即便如此，在科学高度发达的今天，科学与迷信、知识与愚昧的斗争远未停止，提高全民族的科学素质又是一项长期而复杂的社会工程。

当代大学生，肩负中华民族伟大复兴的历史重任，应如何去担当？崇尚科学应不失为当代大学生的立事原则，李大钊曾说过："凡事都要脚踏实地去作，不驰于空想，不鹜于虚声，而唯以求真的态度作踏实的工夫。以此态度求学，则真理可明；以此态度做事，则功业可就。"此话就是要求我们工作要脚踏实地、求真务实，讲规律、讲原则、讲规范。

讲规律、按规则办事、按规范行事在社会现实生活中是凸显一个人道德情操的最大前提。其实崇尚科学也是一种美德，一个讲科学的人一定是一个讲规律，能严格按规则办事、按规范行事的人，生活中我们既要做一个讲科学的人，也要做一个讲道德的人。

人的本质属性是社会性，也就是说，单个的人是不能生存的，人必须以社会的方式生存和发展，社会良好有序的运转是我们生存发展的前提。为了维护社会的正常运转，人们在长期共同生活的基础上，形成了共同的行为规范。

社会公德是道德内容的重要组成部分，社会公德作为人类社会生活中最起码、最简单的行为准则，是和广大民众的切身利益密切相关的，是适应社会和人的需要而产生的，它与科学一样对调节人们的社会生活具有其特殊且重要的作用，因此每个社会成员都应该自觉遵守社会公德。遵守社会公德是社会对公民最基本、最起码的要求，一个人严格遵守社会公德既是对社会、对他人的尊重，也是对自己的尊重，当代大学生应成为遵守社会公德的楷模，成为推动人类社会文明发展的主力军。

21 世纪我们有幸面对和拥有，但我们有幸面对和拥有的真正意义却在于如何的面对和拥有。在今天我们面对的是纷繁复杂的大千世界、日新月异的社会发展及和谐社会的建设，因此我们当代大学生既要提倡崇尚科学的精神，也要提倡按规则办事、按规范行事的美好道德情操，两者并驾齐驱，有所作为，我们才可能真正有其拥有，这也是我们的民族、我们的国家未来希望的要求。当然我们也正在努力，生活中许许多多爱科学有知识，讲文明讲道德的楷模已告知我们对 21 世纪有幸面对和拥有的真正意义。

案例 1

150 项革新带来 8000 万元效益——工人有为

一位初中毕业的普通工人，在生产一线工作的 30 多年里，通过勤奋学习、不断钻研，创造了近百项科技成果，有的获得国家专利，有的操作法以他个人名字命名。他的创新成果为企业带来数千万元的经济效益和无法估量的社会效益。他创造了数项全国同行第一。他，就是被人们称为蓝领专家的天津港煤码头公司一队队长、全国劳动模范孔祥瑞。17 岁进港口刻苦钻研成专家。

今年 51 岁的孔祥瑞，17 岁走进港口，成为天津港第一代大型门吊司机。师傅金贵林是著名的劳动模范，是一位爱岗敬业、对工作精益求精的老工人。师傅的言传身教在孔祥瑞心中打下很深的烙印。他决心要做师傅那样的人。

当时的天津港自动化程度还不太高，开上大型门式起重机的孔祥瑞特别珍惜自己的岗位，这可是当时最先进的装卸设备啊。他要把门机变成港口工人的钢肩铁臂。

别看孔祥瑞只有初中文化，钻研起技术来，却如饥似渴。他找来设备说明书，一页一页地学，一项一项地啃，不明白的找资料，不懂的找人问，直到把厚厚的说明书弄通弄熟。孔祥瑞有个记工作日志的习惯，每天设备出现哪些故障、什么原因、修理过程、注意事项等都一一记录在案，不漏掉任何有价值的细节。在不断的学习和摸索中，十几年下来，他对自己掌控的多种设备从工作原理到技术参数都已烂熟于心。因此，当有些连专家都感到棘手的问题出现时，孔祥瑞却能想出办法，妙手回春。

1995 年，孔祥瑞在港埠六公司担任固机队队长，掌管公司装卸生产的核心力量 18 台 40t 门机。这是当时世界上最大的门机，离地高度 60m。一次，12 号门机发生故障，转柱回转大轴承下支撑面出现一条长约 1.5m 的裂缝，如不立即修好，将影响公司成立以来接卸的最大散货船如期装卸。而修复门机的前提是将重 168t 的门机上盘抬起，按道理，干这活儿只能租用海吊，可海吊预订期限通常是两个月，肯定来不及。怎么办？孔祥瑞带领伙伴们查找资料，反复研究，终于想出了办法：用10个承压30t的千斤顶顶起门机上盘。由此，催生出一项新成果——焊接在大法兰盘下的新型顶升支座技术。以该支座为每个千斤顶的下支点，采用一边松法兰盘螺钉，一边同时顶升的工艺，将门机底盘成功顶起，并且达到高度要求。门机修复了，前后仅用了9个小时。“可以没有文凭，不可以没有知识”，是孔祥瑞十分欣赏的一句话。20世纪80年代，孔祥瑞也曾考上了职工大学，但由于工作忙等原因没能在课堂里安坐下来，直到去年才读完大专函授课程。然而，多年来，他把工作岗位当成课堂，靠着勤奋学习储备的知识，靠着长期实践积累的经验，把门机的“脾气秉性”吃了个透，成长为工人专家。2000年，他掌管的18台门机完成货物吞吐量2000万吨，平均每台完成近120万吨。门机使用率在全国港口排位第一，完好率始终保持在98%以上。

攻关技术难题获得国家专利

直到今天，孔祥瑞的身份仍是工人，可就是凭着这样一种执著的钻研精神和创新意识，并非科研人员的孔祥瑞，1999～2000年带领队里的骨干攻克了门机中心受电器发生短路的技术难题，这项创新成果于2003年获得了国家发明专利。

孔祥瑞清楚地记得1999年7月1日那个酷热难当的下午，他刚刚参加完局里的业务培训，突然接到队里的电话：1号门机滑环烧了！他立即从几十千米以外赶到现场，见 1 号门机无力地垂着头，机房内还冒着丝丝青烟，那是因为滑环内大股电缆由于旋转齿轮松脱而断裂，造成电路短路刚刚起过火。原本在太阳底下晒了一天的机房已经格外闷热，再遭此“劫”，更成了“烤箱”。孔祥瑞第一个钻进机房，随后，张勇健等 5 名技术骨干跟着进了这个 50 多摄氏度的“大闷罐”。

查线、纠偏、更换滑环……汗水，流进眼眶，滴进嘴角，修复一步步进行，机房内的空气却越来越浑浊。为防止出现人身意外，孔祥瑞下令：两人一组，分组出去换气！而他自己却一直留在机房里。那天，他们 6 个人整整喝了 5 箱矿泉水，却没有一个人想去厕所。直到凌晨两点，故障才得以排除。

门机又继续装船作业了，孔祥瑞的心却像海潮一样难以平静。因为此前也发生过中心受电器短路引起停机的故障，他在想，今天的汗不能白流，再也不能任其故障下去，叫弟兄们受罪，让生产停顿看着美金白白地往大海里流了！

抱着一定要彻底解决问题的决心，他带领队里的技术骨干成立了攻关小组，仔细翻阅资料，深入分析研究，终于查找出其设计上的三大缺陷：一是同心度不够；二是结构不合理；三是受电器高度过高。针对故障原因，他们重新设计出改造方案。经过 3 个月的探索攻关，一举完成了对门机中心受电器的技术改造。这项效益巨大的革新，投入的资金仅有区区两千元。随后，他们的革新方案即被生产厂家所采用。2000 年，由孔祥瑞、金学智、康建桥撰写的论文《M16-33 型门机中心受电器的技术改造》发表在《天津港口》杂志上。2003年，该项发明被国家知识产权局授予实用新型发明专利。

据粗略统计，仅从2000年至今，孔祥瑞主持开展的技术创新项目就达50余项，为企业创效6200余万元。“孔祥瑞操作法”当年创效1600万元。

2001年，天津港吞吐量冲击亿吨，作为当时全港最大的装卸公司，六公司承担的作业量达2500万吨以上，这18台门机任务总量要增长30%。

还有没有潜力可挖？那阵子，孔祥瑞满脑子都是门机在转，从门机抓斗作业的第一个动作到最后一个动作，在他眼前不停地过电影。

经过反复观察，他发现门机抓斗在放料时，纵向斗瓣先打开，继而横向斗瓣打开，一前一后间，起升动作会出现10s左右的停滞现象。如果能把这个作业空当利用起来，就会提高工作效率。根据这一发现，孔祥瑞与队里的技术骨干共同研究，把抓斗起升、闭合控制点合二为一，并将主令控制器手柄移动轨迹由“十”字形丰富成“星”形，在抓斗打开和提升的两个轨迹之间增加一个新轨迹，让上述两个动作沿新轨迹，用一个指令同时完成。实践表明，门机每完成一次作业可节省时间15.8s，平均每天多干480t，当年就为公司创效1600万元。

2002年，“门机主令器星形操作法”被天津市总工会以孔祥瑞的名字命名，成为天津市职工十大优秀操作法之一。现在，这个港口产业工人自己创造的“金点子”已成为同行业关注的新技术，在全市乃至全国推广。

改造洋设备两年出成果

2003年12月，孔祥瑞被调到煤码头公司一队任党支部书记、队长。这是一个新的工作岗位。现在他要掌控的是2001年才从美、法、日进口的价值8亿元的自动化系统联动传输设备。这对于一直与固定门机打交道的孔祥瑞来说，无疑是严峻的考验和挑战。

其实，如何保证对进口设备的消化、吸收、改进与完善，使其在生产实践中发挥出最大的效用，不仅是摆在孔祥瑞眼前的一道考题，也是所有引进设备的企业都要共同解答的问题。

功夫不负有心人。短短两年光景，孔祥瑞的努力就结出了丰硕的果实。

自动化设备中的翻车机承担接卸到达列车任务，每列车54节，翻车机每摘钩一次翻倒出两节原煤。原摘钩杆通过一个相互垂直的杠杆带动液压轴完成摘钩操作。由于垂直杠杆为一次压膜成型钢件，使用时应力集中，容易损坏，经常摘不了钩，造成每月停机十几至二十几次，而且维修费时费力，直接影响卸车效率。孔祥瑞通过研究力学原理，找出“缓冲杠杆自身承受应力，简化维修更换程序”两个突破点。以方形中空连接代替垂直连接处，由法兰盘连接方形与横向杠杆，并将每摘钩一次翻车两节分解成一节，不仅缓冲了杠杆承受应力，延长了摘钩杠杆使用寿命，且拆装灵活，便于维修，使维修更换时间由原来的3h缩短至15min。此项技术改造自2004年1月开始，用了两个月时间，每套杠杆花了400元，共计4套，不到两千元解决了大问题。自应用以来，节省卸车时间达1800h，多接卸列车 65 700 节，接卸原煤 320 万吨。

挑战高难技术排隐患又创收

翻车机摘钩杠杆的改造成功，增强了孔祥瑞进一步改造、完善进口设备的信心。

煤码头的 4 个转接塔是连续运输中的重要设施之一，而起保护塔内母板作用的耐磨板完好与否直接关系到整套设备的正常运行和成本消耗。随着公司大块煤种作业增多，转接塔挡板上的耐磨板受损严重，经常需要大范围更换。换一块耐磨板，一般要用近 30min，影响生产不说，倘若破损的耐磨板落入煤中极有可能割裂传输皮带，或是混进货物当中引起货主索赔，其后果将十分严重。

对设备极其敏感的孔祥瑞意识到这是一个必须排除的隐患。通过查看转接塔挡板结构图和对耐磨板现有抗压抗热性能进行试验，他发现原设计未考虑大块煤作业，抗冲击力热摩擦指标仅为每平方厘米 50J，而大块煤作业冲击力产生热摩擦平均为每平方厘米 80J。他决定从耐磨板的制造工艺和原材料上下手，通过对各种可用材料进行试验，确定在原耐磨板上加装 15cm 厚的网格。网格用阿道斯板做成，利用作业时网格内存储的积煤，就可缓解大块煤对母板的冲击力，减少热摩擦。经过测算，改造后的耐磨板每平方厘米所承受的冲击力热摩擦值由每平方厘米80J 降低至 40J。自 2005 年 4 月 1 日改造后至今，在大块煤作业中无一例挡板网格损坏发生，实现了耐磨板“零更换”。仅此一项，每月即可节约材料费 3600 元，节约维修时间 9h，且避免了维修工高空作业，保障了人身安全。

发扬劳模精神“秘密”藏身上

单凭上述业绩，老孔就让人竖大拇指了。然而，孔祥瑞的贡献并不止于此。在他身上，除了“知识型”的特点之外，还有传统劳模的“老黄牛精神”，强烈的责任心、使命感；还有“吃苦在前，享受在后”，“任劳任怨，无私奉献”。而这些品质、这种精神，是成就他事业的动力和根基。

孔祥瑞由于长期捂着“大服”在码头上奔波，时间长了，渐渐在腰部系皮带的地方沤出了个粉瘤。粉瘤越沤越长，直到影响了正常的行动。他去了家门口的卫生院，大夫说要马上进行切除手术，并卧床静养。恰在这时，接到通知，要与公司总经理一起去河南参加门机采购订货会。“门机的制动设备选择方案还没定好，我怎么能歇呀！”孔祥瑞捂着腰悄悄溜回了家。在订货会上，为了寻找最佳的制动部件，孔祥瑞和公司领导奔波于订货会各参展厂商之间协商、谈判，直到最终订购成功。此时，发烧伴着阵阵钻心的疼痛告诉他——由于连日奔波，腰间的粉瘤感染了！在当地医院，孔祥瑞不得不接受手术。回到港口，孔祥瑞长 1 寸、深 2cm 多的刀口里还下着六块药棉，就一声没响地照常上班，他要盯着设备安装好。夏天，在码头上工作一天的人们都是满身大汗，痛痛快快冲个凉，是工人们驱除疲劳的好办法。但平时爱和大家说说笑笑的孔祥瑞，这几天总是最后一个走进浴室，打上一盆水，自己到更衣室去洗。有好奇的工人留了下来，才发现孔祥瑞身上藏着的“秘密”。总经理“命令”他回家休息，孔祥瑞这次却没有往日领受任务时的果断劲了，经过“谈判”达成“协议”：孔祥瑞每天仍旧上班，只是不能走出队部，更不能去现场！一个多星期后，门机制动设备圆满安装完毕，试运行获得成功！获知好消息，总经理给队部打去慰问电话，接听电话的值班员告诉他：“孔队这些天一直在现场调试门机，和我们奔来跑去，真的累坏了……”

身为一队之长总是冲锋在前

身为一队之长，多少年来，最苦最累最危险的时候，他总是冲在最前面。2002 年的中秋节，下午 4 点半，正要准备下班的孔祥瑞接到电话：1 号门机顶端钢丝绳出槽了！1 号门机正在作业的是发往广东电厂的急用煤！钢丝绳出槽，意味着煤炭装船作业停止。孔祥瑞几乎是一溜小跑来的。从门机底部到顶部有 60m 高、几百级台阶，梯陡弯多。有风的时候，门机会不定方向地轻微摇动。为了赢得抢修时间，孔祥瑞直接迈上了门机的阶梯。看着那种虎虎生气的速度，谁能想到他的两个膝盖里都有积液，上一个台阶都钻心的疼！门机最顶端，一圈铁护栏围着个 1 米见方的小平台，这就是修理人员的“工作区”。孔祥瑞顾不上危险，一双大手紧紧抓住钢丝绳往怀里拽，门机顶部随着钢丝绳的反作用力越晃越厉害。而这时，孔祥瑞的上半身已悬在平台以外，硬把钢丝绳拉回滑轮位置。钢丝绳很硬，挂在滑轮上不吃槽，让风一吹，又向平台方向倒来。孔祥瑞又俯下身，把右腿从平台的护栏伸出，他要用脚把钢丝绳踩进槽里。一次、两次、三次……硬邦邦的钢丝绳在孔祥瑞不懈的努力下渐渐复位。门机下面，船方、货主看到故障排除禁不住鼓掌欢呼！

从六公司调到煤码头，钱虽然没增加，责任却比过去大了，他毫无怨言，一样拼命工作，一样干得出色。他眼闲不住，腿闲不住，脑子更闲不住，大大小小的问题总能被他发现，发现了就要解决，不解决就睡不着觉。他常说："问题多解决一个，企业生产就多一分保障。"

每年入冬之前，为防止喷淋用水冻结损坏设备，煤码头公司都要对 7 台大型机械的喷淋除尘装置进行积水排空。孔祥瑞看在眼里，疼在心上。去年，他提前动手，针对冬季作业特点展开技术攻关，带领操作一队的队员们对 BM1、BM2 两条皮带线路进行改造，加装了 5 台水槽排空泵，使排出的水可直接输入洒水车用于现场喷淋，实现了水资源的二次利用。经测算，对七条皮带的改造共可节约用水 1200 余吨，节约资金 15000 余元。实现了粉尘治理、设备保养、降低成本三方面共同收益。

一起奋斗打造学习型团队

孔祥瑞的难能可贵之处还在于他的团队意识和集体主义精神。他在技术上取得的每一个突破，他在工作上体悟的每一点心得，总要传达给团队，变成大家共同的知识，共同的本领。

去年的一个周六，在公司值班的孔祥瑞发现堆取料机旋转系统制动器不对劲。当天风力达六七级以上，旋转制动器失灵意味着长55m、自重140余吨的堆取料机大臂有在空中画圈的危险。在他的主持下，立即更换了制动器。制动器故障是以前从没出现过的问题。孔祥瑞把拆下的制动器搬回车间，打开以后，发现起制动作用的摩擦块由原来的22mm磨剩下10mm左右，已无法起到抱死制动的作用。在掌握了螺钉和压簧的调节方法后，孔祥瑞对制动器的失灵和维修已了然于胸。周一一上班，他就把副队长和全体维修电工集合起来，组织大家进行现场分析和技能培训，在介绍了原理和亲自示范之后，他让大家挨个儿调节压簧与摩擦块的间距，直到熟练掌握。

他就是这样遇到问题不放过，与大家及时分享自己的技术心得，不断提高全队的操作水平和维修技能。同时，他还把自己记日志的习惯培养成全队技术骨干的习惯，变为“工作法”，让团队整体受益。正是在他的带动和培育之下，这些年，他的团队出了不少人才，其中，市、部级劳模2人，7人走上了领导岗位，还有多人成了全国和市级技术能手。

天津港把孔祥瑞确定为“港口工人的坐标”，号召大家向他学习。面对赞扬，孔祥瑞说：我是个工人，干不出什么惊天动地的大事，不过就是有一种责任感，把企业的事当成自己的事，一点一滴地做，忠诚老实地做，最大限度地做。我们天津港企业文化的核心价值理念是“发展港口，成就个人”，只有企业发展好了，工人才有前途，国家才能富强。还有，我胸前的这朵红花是大家给凑上去的，没有完美的个人，只有完美的团队，每人一朵小红花，到了我身上就变成了大红花。

知识经济时代的产业工人，需要具备怎样的素质？以怎样的状态、怎样的方式在创造社会物质财富的同时，创造和实现自身的价值？多年来，市委高度重视技术创新，坚持高人一筹、领先一步，走科技路、吃科技饭，坚持优先发展教育，高度重视全面提高市民素质。中共中央政治局委员、市委书记张立昌多次强调，自主创新，人才为本，要把建设一支知识型职工队伍作为天津发展紧迫而重大的任务。孔祥瑞的实践与成就，是天津广大干部职工的缩影，更是天津多年来发展理念的生动诠释。

点评：

一名仅有初中学历的普通工人，34 年创造了 150 多项科技成果，为企业创造效益 8400 多万元。孔祥瑞在为企业创出经济效益的同时，也使他所在部门的机械设备使用管理跨入同行业全国领先、世界一流的水平。

不管什么时代，劳动者都是社会的中流砥柱。现代社会劳动者的一个显著特征就是具有崇尚科学的精神，有一种科学的气质，具有开拓创新，团结协作以及自由探索和讨论的精神等。这些精神，随着科学的发展和社会历史条件的变化而不断丰富、拓展，并持续向社会辐射、弥散、渗透，成为极为重要的时代精神。

作为 21 世纪的青年一代，我们要有科学的精神和科学的方法。我们要爱科学，崇尚科学，树立科学的世界观，马克思主义对于社会发展规律的揭示，使人类从迷茫中第一次睁开眼睛，被称作是人类文明发展史上的壮丽日出。《国际歌》所揭示的“从来就没有什么救世主，也不靠神仙皇帝。要创造人类的幸福，全靠我们自己”，充分显示了在科学的马克思主义世界观的指导下，人类意识的觉醒，这是一个巨大的历史进步。事实证明，马克思主义的科学世界观，是我们战胜一切敌人和一切艰难险阻的强大思想武器。

案例2

2008年国家旅游局公布的国民十大陋习

(1) 随处抛丢垃圾、废弃物，随地吐痰、擤鼻涕、吐口香糖，上厕所不冲水，不讲卫生留脏迹；

(2) 无视禁烟标志想吸就吸，污染公共空间，危害他人健康；

(3) 乘坐公共交通工具时争抢拥挤，购物、参观时插队加塞，排队等候时跨越黄线；

(4) 在车船、飞机、餐厅、宾馆、景点等公共场所高声接打电话、呼朋唤友、猜拳行令、扎堆吵闹；

(5) 在教堂、寺庙等宗教场所嬉戏、玩笑，不尊重当地居民风俗；

(6) 大庭广众之下脱去鞋袜、赤膊袒胸，把裤腿卷到膝盖以上、翘“二郎腿”，酒足饭饱后毫不掩饰地剔牙，卧室以外穿睡衣或衣冠不整，有碍观瞻；

(7) 说话脏字连篇，举止粗鲁专横，遇到纠纷或不顺心的事大发脾气，恶语相向，缺乏基本社交修养；

(8) 在不打折扣的店铺讨价还价，强行拉外国人拍照、合影；

(9) 涉足色情场所、参加赌博活动；

(10) 不消费却长时间占据消费区域，吃自助餐时多拿浪费，离开宾馆饭店时带走非赠品，享受服务后不付小费，贪占小便宜。

点评：

一个社会的公共道德水平，可以折射出一个社会、一个国家的文明程度，一个人如果不遵守社会道德，小的会影响自身形象，大的会影响国家声誉。在清朝的时候，清朝大臣李鸿章出使俄国，在一公开场合，恶习发作，随地吐了一口痰，被外国记者大加渲染、嘲弄，丢尽了中国人的脸。这是一个不遵守社会公德的历史教训。

公共道德是社会意识的一种体现，而公共道德又建立在个人的道德修养水平之上。试想一下，如果有人不注重自身的道德修养，他会有良好的公共道德吗？不会！个人道德修养是根、是本。人要有良好的公共道德，必先从自身做起，从身边做起。所以鲁迅先生说："中国欲存争于天下，其首在立人，人立而后凡事举。""立人"的意思便是要完善人的思想和道德修养。人的道德修养并不是与生俱来的，而是靠后天不断完善的。要完善个人修养，首先要致力于读书求学，完善自身的认知水平；认知到达一定水平，就有了明辨是非的能力；有了分辨是非善恶的能力，就要端正自身的心态，不违背自己的良知，努力使自己的一言一行都符合道德的标准，自己的修养便得到完善。这就是古人所说的：格物、致知、诚意、正心、修身。完善个人道德修养，便有了推进社会公共道德的基础。

一个社会的道德氛围对他的民众亦有莫大的影响。为什么这么讲呢？相信同学们听说过在欧洲的一些国家或日本，大的不说，只看看过马路这样的小事。只要亮起红灯，纵使马路一辆车都没有，外国人绝不过马路。他们认为这是必须遵守的公共道德。试问，在如此的氛围中，有谁会肆无忌惮地冲红灯呢？这就是社会氛围的力量所在。但再想一想，如果我们不是从自身做起，这社会氛围又从何而来呢？

我们从小接受社会公共道德的教育，很多同学都可以滔滔不绝地大谈社会公德。可是看见校园中随处丢弃的饭盒、饮料瓶，听着某些同学口中吐出的脏话，怎能不教人痛心疾首呢！难道我们都是“语言的巨人，行动的矮子”么？明代大学者王守仁说“知是行的主意，行是知的功夫；知是行之始，行是知之成；知和行是一个本体、一个功夫。知而不行，只是未知。”我们接受社会公共道德教育，自己却吝于履行、甚至反其道而行之，这跟从来没有接受社会公共道德教育有什么区别！所以我们要实践社会公共道德，就要从这“知行合一”上下工夫、从自己的坐言起行上下工夫，就要告别不文明的行为。

我们不必埋怨这个社会的公共道德水平不高；不必怨艾自己的力量太单薄，对社会的影响不大。试想一下，面包里的酵母不是很少吗？可是，单凭这一点酵母，不是就把面包发起来了么。我们每一位同学都应该做这个时代的“酵母”，让自己的酵素，在这个社会起到应有的作用。

案例3

自私的后果

小王以优异成绩考入大学，立志成就一番大事业。他很珍惜时间，很讨厌集体活动，也懒得搞卫生、打开水。一天下午，他感到口很渴，一连倒了几个热水瓶，都是空的。他非常恼火，提起两个热水瓶就向开水房去，忽然想起，打那么多水干什么，够自己喝就行。于是又放下一个暖瓶。开水打完后，他想起有的单位的电话贴着“电话不外借”的条子，也写了一个“此水不借”的条子。同学们踢球回来，渴得要命，看到这张条子，情绪可想而知。从此以后，大家对他疏远了，跟他一起说话、和他一起自习的人少了，有什么活动也不邀请他。他感到了从未有过的孤立，坐在教室看不进书，躺在床上不能入眠，老想着这件事，十分后悔。

点评：

有记者访问一个获得诺贝尔奖的科学家，“教授，您人生最重要的东西是在哪儿学到的呢?”，“在幼儿园。在那里，我学到了令我终身受益的东西，比如说，有好东西要与朋友分享、要谦让、吃饭前要洗手……”我们完善自己的道德修养也是一样，并非一定要有什么了不起的举措，而是要从身边吃饭、洗手这些小事做起。养成文明的习惯，使文明的观念从意识层次进入无意识层次，使文明贯穿我们的一举一动。

社会性是人的本质属性，单个的人是不能生存的。现代社会的发展虽使人的个体性有了充分彰显，但人的社会性本质依然未变。因此正确处理个体与集体、与社会之间的关系乃是社会公德的基本要求，一切以自我为中心的观念从来都不是先进的观念，都不是道德所提倡的观念。

案例4

占座赚钱——一种时尚职业

长春市某高校食堂旁的广告栏内见到了一则占座广告："考研只剩一个月，四级只剩一周，不要因为没有座位打乱了你一天的学习进程，不用再因为一个小座而东奔西跑浪费时间。愿为您效劳，替您分忧，图书馆占座，2元一位。联系电话1360444鬃鬃。"

昨日一天他就接到了三十多个定座电话，效果好得已经超出了她的预想。考研男生赚钱有招，帮人占座月入千元"我每天早上5点半在图书馆等开门，帮别人占座位，5元一个人，每月能赚近千元。"一位姓张的考研男生告诉记者。前天，记者看到北京市某高校的公共电话亭上贴着一张"考研占座"的启事。上面写着"本人长期在图书馆自习，可为早晨晚起的同学占座，报酬面议。"记者联系到这名姓张的男生后，其表示因为学校每年考研的学生很多，图书馆到一定时期就开始爆满，晚去的学生经常找不到座位，占座就成了同学们头疼的事情，于是他就产生了收费占座的想法。张同学表示，从去年9月份开始至今，他每天可以为四五个学生完成"占座任务"，每位每

次收费5元左右。他说："如果图书馆爆满时能占到比较多的座位，每月收入近千元。"（来源：南京晨报）

2005年04月03日南京晨报讯 昨天，在南京某大学校园的海报栏里贴着一个"替人占座"的海报，价格是每次五毛。这个奇特的海报引得许多同学围观。据该校一位孟同学说，他上午上完自习回来，路过海报栏，看到很多同学围着一张海报议论纷纷。他凑过去一看，原来是这样一张海报：我们知道您热爱学习，我们知道您已经习惯早起，我们知道偶尔起迟了是您的疏忽，我们知道您即使起迟了也希望能坐在教室前排听课。如果我和您想的一样，请让我为您占座！时间：每天第一节课前（每教室限十人）价格：0.5元/次。

这种占座现象蔚然成风，不得不对大学生的社会公德提出质疑，这是一种"集体无意识"，有时个体占座也是迫于无奈，这就需要一个社会公约的存在，北大学生兴起"不占座日"，人大约定"有组织占座"，当然我们也在呼唤一种新型占座方式。新型占座，在纸上写上出去的时间，以及回来的时间，最长不要超过半小时，这样别的同学可以在到时间后坐下来自习，这就让自习室流动起来，同时想上自习就静下心来好好上，如若今晚确实有事，也就不要"占着茅坑不拉屎"了。

点评：

小节见公德。"占座"这种在大学校园司空见惯的现象，从某种程度上折射出一些学生公德意识的缺失。

占座的初衷，当然是为了有一个良好的学习环境和氛围，这无疑是一件好事。但是占着座而不用，不仅使前来自习的同学心里窝火而无可奈何，更是对学校资源的浪费，客观上损害了其他同学的权益。占座事情虽小，从某种程度上却折射出一些学生公德意识的丧失，某些时候我们过于重视自己，不顾别人，把自己的方便建立在别人的不便上，这其实就是一种不文明的行为，一种缺乏公德的行为。或许这种行为虽然对社会没有什么危害，但对他人带来了极大的不便。所以一个人的“佳肴”，也许就成了另一个人的“毒药”。就像“占座”一样，大多数公德由于没有强制约束力，全靠个人的自觉，做起来就相当困难。那些公德意识差的人可能并不知道自己什么时候犯了错。

比如说吧，随地吐痰，总不能抓你坐牢吧；说粗痞话，也不至于判你徒刑。公德是介于法律法规与正当行为之间的一种说不清的边缘法律，需要我们具有强烈的公德意识和高尚的文明修养才能做到。

公德对每个人来说是一把无形的道德尺度，是自身修养的外在体现。作为大学生的我们，在不断提高文化知识和科学素养的同时，也应该培养社会公德意识，在生活中不断提高自身的社会公德素养。从小事做起，从细节做起，践行公德规范，因为社会公德所规范的行为包括生活中最微小的行为细节，这些细节极容易被人们忽略。古人云：“勿以善小而不为，勿以恶小而为之。”讲的就是这个道理。轻轻扶起倒地的自行车是讲社会公德；见到老师长辈主动问候是讲社会公德；最后离开教室时随手关灯是讲社会公德；遵循座位先到先用原则更是讲社会公德。小节见公德，公德意识正是从点点滴滴的细节体现的，社会公德的境界，就是在这不起眼的一举手一投足间慢慢升华的。

当然，公德意识的养成不可能一蹴而就，而是一个潜移默化、细雨润物的过程。所以我们要有长期、耐心的准备，并坚持不懈地付诸行动：以细节为台阶，一步一步提高公德意识；以生活为舞台，一站一站实践公德长征！

家庭美德

家庭美德教育首先应大力倡导“尊老爱幼”。

“爱幼”包括父母抚养和教育子女的责任，对子女慈爱，生活上关心、爱护他们，保证其在家庭里健康成长。还要规范行为，从家庭的硬环境和软环境——家庭气氛、家庭陈设、家庭文化氛围、家庭日常议论内容、家庭成员间的人际关系、待人接物，特别是从家长的思想素质、文化素质、和语言文明给予子女教育创造良好的文明道德氛围，给子女“润物无声”的耳濡目染和熏陶。我们要做社会主义时代的合格父母，就要从小培养孩子爱党爱国、关心集体、尊敬师长、勤奋好学、团结互助、遵纪守法的良好思想与道德。

“尊老”包含子女辈的赡养老人、孝敬长辈。这是子女辈在家庭伦理美德中应该履行的义务。体现在懂礼貌，听得进长辈的正确意见，虚心向长辈学习，关心长辈的冷暖健康；到了子女成年、生活独立，还要赡养父母，想方设法让长辈幸福地安度晚年。这不仅是回报父母养育之恩，而且是家庭美德的要求。

“尊老爱幼”的家庭伦理美德，对于青少年的影响意义还更深远：孩子通过在家培养孝敬老人、热爱家庭、友爱兄弟姐妹的精神，就比较富有热爱祖国、热爱集体、尊敬长辈、友爱同伴的思想素质。假如一个人从小在家不孝敬父母、不尊敬长辈、不热爱自己的生养之家，长大又怎么有可能指望他能够良好地去热爱祖国、热爱家乡、服务于人民呢？

家庭美德还要大力倡导“男女平等、夫妻和睦”。这是建设良好家庭氛围的前提与保证。只有在平等互爱、维护家庭和睦的前提下，才能处理好婚姻关系、家庭关系，共同承担教育子女的家庭责任与义务。社会实践证明，完善的家庭结构、和谐友爱的家庭氛围，子女的思想、意志、生活方式、行为习惯都比较良好，甚至进取心很强，长进很快。反之，一些家庭夫妻经常反目争吵，大打出手，最终致使家庭破裂，子女无家可归，最起码的温饱无保障，这样的家庭必然造成孩子容易走上违纪、犯罪的道路。

家庭美德更应大力倡导“勤俭持家、邻里团结。”这是社会主义家庭教育应该坚持的原则。我们的生活水平提高了，但是不能，忘记艰苦奋斗、勤俭持家。“邻里团结”就是加强邻里间的感情交流，相互理解、相互支持，以礼相待，真诚相处。这样的家庭能培养我们在漫长的生活征途中增强勇气和信心，有承受逆境的能力，有奋斗的动力，有图强的毅力和本事。在学校才能团结伙伴，在走向社会处理人际关系中，才能多一点宽容、理解和富有同情心。

案例 1

爱就是一生的承诺　就是性命相托

韩惠民和妻子徐敏芳默契“配合”，共同照顾一位瘫痪病人，已经持续了整整 34 年。不过，让一般人难以理解的是，这位长期卧床的病人正是韩惠民年轻时的初恋情人……

1972 年，韩惠民与比他小 1 岁的吴月瑛同在苏州沧浪区工业淀粉厂工作。虽然两人彼此从未说过一个“爱”字，但两人已是形影不离，心心相印。

1974 年 4 月的一天，吴月瑛坐着三轮机动车回厂。机动车突然侧翻，吴月瑛被抛落在人行道，当场昏迷。经抢救，昏迷多日的吴月瑛脱离了生命危险，但颈椎中枢神经断裂，手术后用钢板固定，再也不能站立，也不能坐，只能躺在床上。韩惠民在吴月瑛住院的日子里，自己日夜守护在她身边，喂饭、端尿，陪她说话解闷。出院后，韩惠民也一直悉心照顾她。

吴月瑛瘫痪后的 3 年多时间里，不少热心人要给韩惠民介绍女朋友，都被他婉言谢绝。吴月瑛多次劝说韩惠民尽快成个家，但他就是不听，他暗下决心，要一直守护着她，哪怕不结婚，也要守护她一辈子！

在吴月瑛和她父母的屡次劝说下，韩惠民终于答应找女朋友。不过他有个前提，对方必须同意与他一起照顾吴月瑛。经人介绍，韩惠民认识了徐敏芳。当徐敏芳了解到韩惠民坚持多年不谈恋爱，只为照顾过去的情人，她被韩惠民的一片痴情所打动。

1980 年，韩惠民与徐敏芳结为伉俪。从此，守护在吴月瑛身边的又多了一个人。

34 年倾情照料，如今韩惠民与吴月瑛两家人早已成了自家人。韩惠民的女儿认了吴月瑛当干妈，退休在家的徐敏芳只要一有空，就来到吴月瑛家里坐坐，跟她讲讲家长里短的事情。

徐敏芳感慨地告诉记者，这么多年走过来，丈夫早已成了吴月瑛的精神支柱，从年轻时的爱情到现在亲人般的依赖，她能理解也非常支持。韩惠民和徐敏芳告诉吴月瑛："有我们在，一定会守护你，照顾你一直到老!"吴月瑛被深深地感动了，这次她流下的不再是悲伤的泪水，而是幸福的泪水，更坚定地活下去的泪水……

点评：

家庭是社会的基本单位，是社会的细胞，和谐美好的社会离不开和谐美好的家庭。和谐美好的家庭源于爱，而爱却是与责任画等号的，而责任的同义语就是付出。期盼婚姻永远像爱情故事一样充满着浪漫色彩，那是不现实的。

韩惠民用百姓最朴素的方式，回答了生活中最为深奥的问题：有比爱情更坚固的情感，有比婚姻更宏伟的殿堂，34 年的光阴，青丝转成白发，不变的是真情。

感动中国推选委员陆小华这样说道：一段相知带来一个汉子 34 年的照顾，一声承诺变成一对夫妇共同的看护，一个特殊的传奇连起两个普通的家庭。

我们常说，父母在家就在，那是因为，父母总能给我们无私的爱，现在我们能否说儿女在家就在？因为父母也需要儿女们的爱!

有爱就有家，啥叫爱？韩惠民的行动做出了最好的诠释：爱就是一生的承诺，就是性命相托。

应对明天

——塑造良好品格

法纪篇

法律是由国家制定、认可并依靠国家强制力保证实施的，以权利义务为调整机制的，以人的行为及行为关系为调整对象的，反映由特定物资生活条件所决定的统治阶级（在阶级对立社会）或者人民（在社会主义社会）的意志，以确认、保护、发展统治阶级（或人民）所期望的社会关系和价值目标为目的的，并通过实践趋向正义的行为规范体系。我国社会主义法律本质，从法律所体现的阶级意志来看，是工人阶级领导下的全体人民意志的体现；从法律的实质内容来看，是社会历史发展规律和自然规律的反映，具有鲜明的科学性和先进性；从法律的社会作用来看，是中国特色社会主义事业顺利发展，社会主义和谐社会建设的法律保障。今天我国正处在中国特色社会主义建设的重要历史时期，回想新中国成立以来我国走过的60年艰难历程，由于我们社会主义法制建设的日臻完善，国家日渐富强，人民的生活日渐富裕，经济日渐繁荣，社

会日渐稳定，法制建设已成为中国特色社会主义建设事业发展的重要保障。

法律的重要性告诉我们，现实社会中，社会运行得井然有序靠的是什么？一是自律，二是他律。自律是用道德规范其行为；他律是用法律规范其行为，两者是维系社会正常秩序的必要和重要手段。法律与道德具有密切的不可分割的关系，在当代中国，社会主义法律是进行道德建设的重要手段，如在社会主义社会里，法律创制就是对社会主义道德建设的一些重要原则予以确认，从而有助于道德建设氛围在全社会范围内的形成；而道德教育是社会主义法制建设的必要条件，如法律也体现一定的道德精神，法律虽是国家意志的体现，但在法律规范中，却凝结着立法者关于善与恶、美与丑、合理与不合理、正义与非正义的基本道德价值判断。两者相互促进，协调发展，从而成其为社会进步发展的重要保障。

根据其重要性，党的十七大继而提出了“深入开展法制宣传教育，弘扬法治精神，形成自觉学法用法的社会氛围”重要要求，胡总书记在社会主义荣辱观中也明确要求“以遵纪守法为荣、以违法乱纪为耻”，以上要求正是社会主义法治与道德相结合的完美体现。因此我们在懂得了道德在社会中有着重要作用的基础上还必须认真学习法律知识，认真学法、守法、用法、护法，从而提升自身文明素质，以共同推动我国社会主义精神文明建设、物质文明建设以及政治文明建设的顺利进行而贡献自己应尽的责任和义务。

学　法

学法就是学习法律知识的简称。即在一定的社会里，一切组织和公民个人，鉴于自身利益的要求、自觉遵守和维护社会秩序、保证法制社会各项文明建设的顺利进行，从而认真深入学习法律规范，以及接受法制宣传、教育等的各项活动。在中国特色社会主义建设的重大历史进程中，党的十七大及时提出了关于“深入开展法制宣传教育，弘扬法治精神，形成自觉学法用法的社会氛围”的重要要求。那么在促进社会主义法治国家建设、共同推动我国社会主义精神文明、物质文明与政治文明等建设的顺利进行的过程中，该如何深入开展法制宣传教育，弘扬法治精神，这就必然涉及认真学习法律知识这一重要问题了。只有当我们通过认真学习法律知识，在充分理解社会主义法律的本质和充分认识到学习社会主义法律知识的作用和意义的基础上，才有可能真正做到真实有效地进行法制宣传教育；才有可能切实可行地弘扬法治精神。

现实中我们每一个社会公民都有自己的学习和职业生涯，都是事关社会主义法治国家建设集责任和义务一体的主体，作为社会主义法治国家建设的主体，在自己的学习和职业生涯中，所作的贡献能否起到促进社会主义法治国家建设、推动我国社会主义精神文明、物质文明与政治文明等建设的顺利进行的作用，实质上与我们对法律知识所知、所懂以及运幄程度如何有着直接重要的联系。我们知道，社会上经常发生一些违法犯罪现象，出现这种情况的原因是多方面的，但其中很重要的一条，就是许多人从来不认真学习国家各项法律，因而也就根本不知法、不懂法，违了法甚至犯了罪，自己还不知道究竟。所以认真学习法律知识就尤显重要，现实也证实如此。

案例 1

“一拳让人满地找牙”构成重伤罪

“一拳让人满地找牙”构成重伤罪，伤人男子想“和解”遭检察机关拒绝。

一拳将人打掉十颗牙齿，后害怕坐牢筹钱 3 万，准备跟受害人刑事和解。检察机关审查认为，掉了 7 颗牙齿就构成重伤，程某犯罪情节恶劣，后果严重，不符合“刑事和解”要求，逐依法对其提起公诉。

2008 年 12 月 10 日下午，红安县男子程某驾驶一辆三轮车在乡间公路上行驶时，见王某将摩托车停在路中间与人聊天，便鸣笛示意王某让路。由于王某行动慢了一点，程某便责怪王某。为此双方发生口角。程某下来朝王某提了一脚，并一掌将他推倒在公路下的农田里，又跳到田里对王某的嘴部猛打一拳才罢休。

王某的牙齿当即掉了 8 颗，另两颗因严重松动而被拔掉。按照人体重伤鉴定标准，掉了 7 颗牙就构成重伤。

程某因涉嫌故意伤害罪被捕后，其家人凑足 3 万元赔偿给被害人，想和被害人达成“刑事和解”。2009 年 6 月，案件起诉到红安县检察院后，检察机关认为，程某故意伤害他人身体，情节恶劣，不符合“刑事和解”要求，依法对其提起公诉。

点评：

以上事件的发生是完全可以避免的，交警就是解决该事件的主角。生活中稍不如意就动手动拳，这种现象对一些法制意识淡薄，法律知识短缺的人来说的确会痛快一时，可是要知道如果是把人打得超出了法律界限，那可就痛快不起来了，殊不知以显示自己利害，“一拳让人满地找牙”在“实践”中“学”的付出，要比在日常生活中读书、学习、听人教诲所付出的代价要高得多了，这种由于法律意识淡薄、交学费 3 万以之补“课”、还要遭到法律制裁的教训，恐怕下回再不会有此一拳了吧。

案例 2

学生业余赛球受伤谁来赔偿

案情简介：2000 年 9 月 16 日（星期六），被告某高校 98 级数理教育班和 99 级文秘班举行足球友谊赛，但未报告学校。原告李某担任 98 级数理教育班足球队的守门员，被告饶某是 99 级文秘班足球队的前锋。当比赛进行到上半场 15min 时，饶某射门，球击中李某的眼睛，致李某双眼受伤，被送往医院住院治疗 10 天，医院诊断为双眼球挫伤，右眼黄斑部出血，并引起视力下降。经法医鉴定，李某损伤为九级伤残。事后，经校方组织双方学生家长调解不成，李某遂向法院起诉，要求判令饶某和某高校共同赔偿其经济损失 23 000 元。法院最终审判结果：由李某、饶某和某高校合理分担经济损失。

点评：

现实生活中有很多事情的发生是无意的、我们无法料到的，但是谁都不愿意发生的案情发生了就需冷静依法对待。

以上事件依据法理来分析，正确处理本案的关键是认识和把握好三个问题：一是双方学生是否有过错；二是学校是否有过错；三是本案能否适用公平原则。

学生是否有过错。从案情来看，饶某作为本队前锋进行射门是正当的竞技行为；李某作为本队的守门员封堵对方球员射门也是一种正当的竞技行为。因此，在对抗性非常强的足球比赛中，因球员正当射门而造成守门员受伤的，应当说双方都是一种正当的行为，双方均没有过错。对此，应当按照侵权损害中的甘冒风险免责事由处理，加害行为人不承担致人损害的民事赔偿责任。

学校是否有过错。案涉的这次足球赛是学校两个班级自发的，并没有报告学校，且比赛是在节假日（星期六）进行的，故学校对此没有特定的注意义务。况且，双方学生均为完全民事行为能力的人，对足球比赛中可能发生的损害，应该有所预见和防范，不需要学校特别提醒。因此，对于本次既不是学校组织，又不是学校正常体育教学活动中所发生的意外损害，学校没有过错，也不应当承担损害赔偿的民事责任的。

能否适用我国民法通则中的公平原则，我国公平责任原则的适用应具备三个条件：①双方都没有过错。这是适用公平责任原则的基本条件，在我国《民法通则》第 132 条中规定：当事人对损害的发生都没有过错的，可以根据实际情况，由当事人分担民事责任。②较严重的损害发生。损害的发生及损害的程度是适用公平责任原则的客观前提。损害的程度必须较严重，即如果不分担损失则受害人将受到严重的损害，并且有悖于公平、正义的观念。如果只是较轻的损失，那么完全由受害人自己承担并不违背公平观念，也就无需适用公平责任原则。③不由双方当事人分担损失有违公平的民法理念。公平责任原则弹性较大，赋予了法官较大的自由裁量权。这就要求法官内心的公平、正义的道德观念，来合理确定当事人是否应当分担损失以及如何分担损失。

根据以上内容，本案的各方当事人对于损害的发生均没有过错，那么，本案的损害结果谁来承担呢？我国民法的立法精神是强调保护弱者（往往是受害者）、提倡公平与正义，为此我国《民法通则》第132条专门规定；“当事人对造成损害都没有过错的，可以根据实际情况，由当事人分担民事责任”。所以，根据本案实际，本案适用我国《民法通则》第132条关于公平责任原则的规定处理，由李某、饶某和某高校合理分担经济损失。

案例3

发生在杭州的一件恶性交通事故

红色蝴蝶结落在爱心斑马线上

2009年8月某日21：45，在事发现场，黑色的保时捷卡宴停在斑马线北边1米处的机动车道上，车后斑马线南面不远处还有一只带着小花的黄色拖鞋静静地躺在地上，一个红色的胡蝶结也落在斑马线上。保时捷车头的引擎盖明显凹陷，挡风玻璃也已破碎，引擎盖和挡风玻璃上都是斑斑血迹，车内的两个安全气囊都已经打开。“女孩飞起来了”。一位当时正在莫干山路32号楼下乘凉的大伯说，当时姑娘正走在斑马线上，他就看到一个黑影从眼前一闪而过，接着就听见“吱”的一声急刹车，“砰”的一声巨响后，他就看见女孩飞了起来。“就像个麻袋一样，飞出去了，离斑马线大概有个30m远，小姑娘头上流了很多血。”大伯指着女孩最后落下的位置说道。

刹车时轮胎都冒烟了

在大伯所说的位置，记者看到了一大摊血迹，离出事的斑马线有30m左右。在事发点往北不远处的一家香烟店的店员，也目睹了整个经过。“那个女孩一个人，正在穿斑马线，我就看到那辆保时捷很快地冲了过来，大概离女孩很近的地方才点了刹车，‘吱吱吱’很响的，轮胎都冒烟了，那么近了才踩刹车还停得下来啊，直接就把人撞飞了。当时车速应该在100码以上，我自己也开车的，看得出的，气囊都打开了，你说不快能有这么大的撞击力啊，”香烟店的店员说。一位驾驶员说，他当时以50码的速度在开车，保时捷从他身边开过时很快，他估计有90码左右。“男的身上一股酒味”，“当时引擎声很响，我一听声音就往马路上看，那辆保时捷就‘刷’的一下开过来了，看见车子来了，小女孩还吓得叫了一声，刚叫完车就撞上来了。当时开车的是个男的，一开始还没下车，是个女的从副驾驶座下来看情况的，过了一会儿，男的才下来的。我走过去看的时候，男的身上一股酒味，两只眼睛红红的。”一位路过的大伯说。

关于保时捷肇事司机之父系一通信设备公司董事长

手提豹纹包，身穿吊带拼接连衣裙、一双白色高跟时装鞋。昨晚，记者赶往拱墅区交警大队，车上的那名女子正在事故民警的陪同下，低头从大门走出。车上的男子，坐在交警大队办公室里，接受民警的询问。他就是驾驶员魏志刚，29 岁，杭州人。米色 T 恤，圆圆脸，头发微卷，见到媒体，魏志刚一愣，留给大家一个后脑勺。“车是你开的”记者问。他不作答。“有什么想说的?”记者再问。

他依然不说话。魏志刚是 1999 年考驾照的，驾龄 10 年。事发时，车上副驾驶座有一名女子，姓范，1978 年出生。据魏说，两人只是朋友。事发前，魏驾车，从环城西路开至莫干山路。

今年 29 岁的魏志刚是杭州天长通信设备有限公司市场部经理。越野车登记的车主系魏志刚之父魏民轩，他同时也是该公司的法人代表兼董事长。

关于受害者系一莱馆的营业员

21∶30，伤者被送到新华医院。她叫马芳芳，今年 17 岁，台州临海人，是莫干山路好灶头菜馆的营业员。“进来的时候已经没有呼吸、心跳了。”急诊外科陈医生说。大约 10min 后，一个穿紫色上衣、左耳戴着耳钉的年轻男子，匆忙闯进急诊室。看到面色苍白的女孩，他“扑通”跪倒在地，抓着她的手，泪水不住地往下掉。他哭喊着：“芳芳，你这样我怎么办？”

正急着去见男友

22∶40，马芳芳经抢救无效，死亡。大约十分钟后，他行色匆匆地从医院后面的建筑工地悄然离开。晚上 11 点左右，年轻男子再次出现在急诊室。他对护士说，希望能单独与马芳芳待一会儿。他是芳芳的男友，姓代，安徽人，今年 20 岁，在凤起路的苑苑美容美发店做理发师。1 年前的 7 月 21 日，在台州黄岩，两人相识，今年 4 月份，两人来到杭州打工。每晚，马芳芳大约 21 点下班，就从饭店步行到武林小广场的 192 路公交车站，等到 23 点左右，小代下班一起回家。

点评：

29 岁驾驶员魏志刚现象已不是个案了，近些年来，如：仅此 2008 年发生的交通事故 265204 起，已死亡 73484 人，与 1978 年相比，交通事故增长 147.27％，死亡人数增长 284.81％。经检察院办案分析发现，当前交通肇事案件呈现三个新特点：一是特定人群涉案率较高：年龄在 30 岁以下的肇事者比例高，约占 40％；低学历肇事者比例高，初中以下文化程度约占 80％；营运车辆涉案比例高，约占 60％。二是特定时间地点发案率高：夜晚是案发主要时段，约占 80％；国道、省道及乡镇农村路段虽均有案发，但以国道、省道案发居多。三是肇事后果较重：致人死亡的案件增多，约占 92％；而因惧怕法律制裁和承担赔偿责任，肇事者案发后逃逸的比例不断增高。还有一个不得不关注的现象是，现今在城市闹市区违反交通规则超速驾驶的现象已愈演愈烈，死于这些马路杀手之下的冤魂已不计其数等，细想，这些致他人生命的敬重于不顾；致国家交通法规的严肃性于不顾；致个人做一个社会好公民的尊严于不顾的等现象，是否与驾驶员的素质较低，交通、交通规则的适时应变太慢，处罚、刑罚太轻等有着紧密的联系？以及有着不可推卸的责任呢？这种愈演愈烈的现象，已不得不令人深思了。

案例 4

冲动不如冷静

被告人刘某（男，34 岁，汉族，河南人。）原任某乡农机配件厂车间主任。1998 年 1 月 2 日该厂对各车间实行招标承包，被告人刘某先后对铸造和洪炉车间投标均未中标。为此，被告人刘某对厂一领导和工人不满，产生报复之念。同月 20 日晚，刘某以药老鼠为名从车间商家要来一瓶“1605”农药，并倒人玻璃眼药水瓶子作伪装。次日上午 9 时刘到车厂伙房，以帮助摘菜、烧火为幌子，伺机投毒。约 10 时许，刘乘炊事员外出之机，将农药倒入炒好的黄豆芽菜和酱油桶内，11 点 30 分左右，就餐的工人已在食堂排起长队等候，刘某看见这么多人吃饭，其中还有与自己关系很好的同事，便后悔起来。当炊事员开始为工人打第一份菜时，刘某忍不住大叫起来：“不要打，菜里我下毒了。”案发后，经检验菜里确实含农药

“1605”。

点评：

对于该案件，法律进行了激烈的争辩，第一种观点认为，刘某的行为已属投毒罪的既遂，尽管刘某确实有效避免了危害结果的发生，但不符合犯罪中止的时空特征，因而不成立犯罪中止。第二种观点认为，刘某自动停止了犯罪，有效避免了危害结果的发生，因而刘某的行为属于犯罪中止，因没有造成损害，依法应当免除处罚。

据法理公诉：犯罪中止，是指在犯罪过程中，行为人自动放弃犯罪或者自动有效地防止犯罪结果发生，而未完成犯罪的一种犯罪停止形态。根据我国刑法第 24 条第一款的规定和犯罪中止成立的实际情况，犯罪中止形态有两种类型，即自动放弃犯罪的犯罪中止，和自动有效地防止犯罪结果发生的犯罪中止。自动放弃犯罪的犯罪中止必须同时具备三个特征：时空性、自动性、彻底性。而自动有效防止犯罪结果发生的犯罪中止，除了必须具备上述三个特征之外，还必须具备有效性的特征。就投毒罪来说，从犯罪预备行为开始实施到法定危险状态出现前，这一过程中的犯罪中止问题，依据犯罪中止的标准是不难认定的。然而，在法定危险状态出现后，是否还存在犯罪中止的问题，刑法理论界存在很大的争论。

本案在审理过程中，人民检察院以投毒罪提起公诉，被告人刘某的辩护律师对此没有异议，但认为被告人刘某属于犯罪中止，依法应当免除刘某的刑事责任。人民法院审理认为，被告人刘某为泄私愤，向本厂工人食堂投毒，其行为已构成投毒罪，公诉机关指控罪名成立，被告人刘某的辩护律师提出的被告人是中止犯，应当免除处罚的观点不正确，不予采纳。

就目前来说，这类案件，基本上都是如此处理，认定被告人的行为不成立犯罪中止。其主要的理论依据有：①该情况不符合犯罪中止的时空条件。犯罪中止形态可以存在的时空范围是在犯罪过程中，即从犯罪预备行为发生开始，到犯罪既遂、危险状态出现之前，且犯罪的停止不是因行为人主观意志之外的原因。②犯罪中止与犯罪既遂两种犯罪停止形态相互区别、相互独立，不可能同时并存。在本案中，犯罪已经达到既遂，犯罪既遂成立，就不可能再并存犯罪中止的停止形态。

该案件发生的前后经过告诉我们，加强法律意识的自我教育很重要，干任何事情都不要盲目冲动，加强法律意识的自我教育可以在关键时刻警醒人们处事冷静，冷静则可以让人还原人性、避免自身毁灭；同时该案件发生后的处理经过还告诉我们，社会在不断的进步和发展，事物也是复杂和多变的，我们身边随时都会碰到一些复杂多变的事情的发生，要想把一件复杂的案件公正、合理、合法处理好，必须要有扎实的法律知识。由此，为了更好、适时地与社会相适应、构建和谐社会环境，一切组织和公民个人以及法律重要相关部门，都要不断的学习和充实以及掌握好法律知识。

案例 5

四川小伙跳楼出逃揭传销陷阱黑幕

陌生美女突然传来暧昧短信，小伙以为是艳遇，结果却深陷传销陷阱。当事人小刘跳楼逃脱魔窟后，带着满身伤痕向记者揭开传销新骗局黑幕。

2006 年，老家在四川阆中市的刘艳翔 26 岁，在北京打工。据他介绍，当年 4 月底他突然陆续收到暧昧短信，问他是不是变了心，并哀怨地发出很多情话。刘艳翔开始并未理睬，随后解释几次后对方短信仍旧发来。后来他打电话给对方，一个女子接电话表示自己叫刘惠梅，双方能短信联系是种缘分，大家可以交朋友。对方声音甜美，刘艳翔一时心动。双方随后短信联系频繁，刘艳翔对刘惠梅渐生好感。

2006 年 6 月 11 日，刘惠梅让刘艳翔来武汉给她过生日。当晚 9 时，刘艳翔乘车赶来，并于次日清晨 7 时抵达武汉。两人约在汉阳二桥公交车站见面，随后在外面玩了一天，期间刘惠梅将刘艳翔手机借故拿走。下午，刘惠梅将刘艳翔带到一栋民房 3 楼。刘艳翔进门发现，竟有 10 多人在屋内。刘艳翔质问刘惠梅，对方坚称自己是直销，并要刘艳翔入伙。刘艳翔拒绝，却被对方没收行李，并被看管起来。随后刘艳翔发现，刘惠梅等几个女传销人员在窝点内没事就到处发暧昧短信，将他人骗入窝点。

刘艳翔与对方周旋至前日凌晨 4 时许，趁着对方看管放松之机，从 3 楼厨房跳下。不料落地摔成重伤，他强忍痛苦到附近五医院求救。医生检查发现，刘艳翔面部、背部多处擦伤，左侧气胸、左肩胛骨骨折并伴有一级脑外伤。目前，警方立即对此事展开调查。

点评：

以上案例告知，骗人传销的招数已是越来越令人防不胜防，生活中我们有必要多一份清醒，以防掉入传销的违法陷阱；并告知懂法才能防止犯法。传销触犯法律，传销行为是触犯法律的行为，如造成触犯他人生命和财产安全还会构成犯罪。

依法惩处以非法传销、变相传销方式实施的犯罪活动，保护公民合法权益，规范、维护市场经济秩序，确保社会稳定，根据法律、司法解释等规定，对办理传销或者变相传销刑事案件适用法律的问题可参考如下意见：

第一条　实施国务院办公厅《转发工商局等部门关于严厉打击传销和变相传销等非法经营活动意见的通知》规定的以下行为之一的，属于传销或变相传销行为：

（一）经营者通过发展人员、组织网络从事无店铺经营活动，参加者之间上线从下线的营销业绩中提取报酬的；

（二）参加者通过交纳入门费或以认购商品（含服务、下同）等变相交纳入门费的方式，取得加入、介绍或发展他人加入的资格，并以此获取回报的；

（三）先参加者从发展的下线成员所交纳费用中获取收益，且收益数额由其加入的先后顺序决定的；

（四）组织者的收益主要来自参加者交纳的入门费或以认购商品等方式变相交纳的费用的；

（五）组织者利用后参加者所交付的部分费用支付先参加者的报酬维持运作的；

（六）其他通过发展人员、组织网络或以高额回报为诱饵招揽人员从事变相传销活动的。

根据《最高人民法院关于情节严重的传销或者变相传销行为如何定性问题的批复》，实施上述行为之一、情节严重的，依照刑法第二百二十五条的规定，以非法经营罪追究刑事责任。

实施第一款所列各项行为，是否达到“情节严重”，应结合非法经营数额、非法所得数额、受害人数、损失情况、社会影响等因素予以认定。

实施第一款所列各项行为，同时触犯刑法规定的其他犯罪的，依照刑法有关规定处理。

第二条　未经金融管理部门批准，以定期或不定期还本付息或者变相还本付息为回报，以养殖、种植、庄园开发、旅游以及会员卡、消费卡、资格卡等形式，向社会不特定对象吸收资金，数额较大或者有其他严重情节、构成犯罪的，依照刑法第一百七十六条的规定，以非法吸收公众存款罪追究刑事责任；以非法占有为目的，使用诈骗方法实施上述行为的，依照刑法第一百九十二条的规定，以集资诈骗罪追究刑事责任。

第三条　以非法占有为目的，使用诈骗方法，以明显高于市场价格传销或变相传销食品、保健品、化妆品、高科技产品、资讯服务等，数额较大或者有其他严重情节、构成犯罪的，依照刑法第二百二十四条、第二百六十六条的规定，以合同诈骗罪或者诈骗罪追究刑事责任。

实施上述行为，同时构成生产、销售伪劣产品犯罪、假冒注册商标犯罪的，依照刑法有关规定处理。

第四条　对于以传销或变相传销方式实施各种方式的诈骗、非法吸收公众存款等犯罪团伙中起组织、策划、指挥作用的首要分子或主要经营者，应依法从严处理；明知他人实施犯罪仍积极参与，诱骗受害人参与各种形式的传销、变相传销活动、构成犯罪的，以相关犯罪的共犯追究刑事责任。

公司、企业或者其他单位的内设机构、分支机构、代理商、中间商等单位及其人员，明知他人以传销或者变相传销方式实施犯罪仍积极参与、构成犯罪的，以相关犯罪的共犯追究刑事责任。

明知他人以传销或者变相传销方式实施犯罪，仍为其提供资金、账号、发票、证明、许可证件，或者提供场所，或者提供运输、保管、仓储、邮寄等便利，构成犯罪的，以相关犯罪的共犯追究刑事责任。

第五条　在实施传销或者变相传销行为中，采取暴力、胁迫手段或者非法限制他人人身自由，构成犯罪的，依照刑法有关规定追究刑事责任。

第六条　中介机构或个人以虚报注册资本、虚假出资、抽逃出资手段，代理或协助他人注册公司、企业，数额巨大或者有其他严重情节、构成犯罪的，以虚报注册资本、虚假出资、抽逃出资犯罪的共犯追究刑事责任。

明知他人注册公司、企业进行传销或者变相传销仍然实施前款行为、构成犯罪的，以相关犯罪的共犯追究刑事责任。

公司、企业登记机关、金融机构工作人员在公司、企业登记注册过程中受贿或者严重失职、构成犯罪的，依照刑法有关规定追究刑事责任。

第七条　有关犯罪的追诉标准，参照最高人民检察院、公安部《关于经济犯罪案件追诉标准的规定》执行。

以上不同情节和不同性质的案件告诫我们，认真学习法律知识，提高自身的法律素养是多么的重要，认真学习法律知识可以警示我们在面对一些可能发生的事情时，要有是非观念、要有立场、要有法制意识。现实中，社会各个领域各种违法犯罪现象严重存在，严重地干扰着社会的和谐和发展，法律知识缺乏，法制意识淡薄，都将导致不可设想的后果。如严重的各种社会腐败现象，各种违法犯罪现象，以及近年来在少数民族地区发生的各种分裂主义现象等，足以让我们警醒：中国是一个法治国家，谁不学法、谁不重视法律，最终都将受到法律的制裁。认真学习法律知识，提高自身的法律素养，可以帮助我们在面对一些可能发生的事情时，处事冷静、理性……如前面“一拳让人满地找牙”的案例等。认真学习法律知识，可以教育和影响我们知法：即是指任何组织和社会公民，为维系正常的社会秩序，保证自己的行为不越规所必须具有的最基本的法律意识；懂法：即指任何组织和社会公民，必须知道法律的效用，并能充分利用法律来规范“自我”的一种能力。从而帮助我们做一个正直的、懂得好坏、明辨是非的人，做一个遵守公序良俗好公民。

公民学习法律常识的重要意义可以从以下几个方面具体说明：

第一，学法才能知法、懂法、用法。

我国社会主义法虽然从本质上来说是工人阶级领导的全体人民意志的体现，是人民自己手中的工具和武器，而且，在制定过程中，立法者也尽量注意到使法律通俗易懂。但是任何公民要真正能做到知法懂法，也还是要经过较长时间的努力学习。随着我国社会主义法制建设工作的不断深入，国家颁布的法律的数量越来越多，人们不是轻而易举就能掌握的，而且法律条文里边包含的自然科学等方面的知识也比较丰富，因此给学法者理解方面也带来了一定困难。因此，人们要更好地做到知法、懂法，就非得尽可能地掌握法律里所包含的丰富的科学知识，弄明白有关的术语、词汇的基本意思不可，而要做到这一点，没有别的途径，只有花费一定的时间和精力去认真学习。并且随着我国社会主义法制的不断健全和完善，法律影响社会的广度和深度都在发展，“用法”成了人们的迫切需要。然而，现实生活中，许多人需要用法律来保护自己的时候，却不知道用法，不会用法，法律意识相当淡薄。主要原因是他们还不知法、不懂法，或知法不多，懂法不深。解决这个问题的办法只有一条，那就是积极响应党和政府的号召，认真学习法律常识，逐步做到知法、懂法，并且学会用法。

第二，学法才能培养社会主义法律意识。

法律意识也称法律观，它是人们关于法律的情感、信念、观点和思想等的总称。社会主义法律意识，是一种崭新的无产阶级的法律意识。作为社会主义国家的公民，除了应该具有忠于祖国和人民，贯彻执行党和国家的方针、政策，积极投身改革，努力为四化作贡献的政治意识外，还应该逐渐培养自己的社会主义法律意识，这也是非常重要的。公民的社会主义法律意识提高了，他们热爱和拥护我国现行法律的情感，信念才能加深，并且由自发上升到自觉。他们对我国现行法律的一些基本问题的认识，也才能逐步科学化、系统化，同时，他们用法律维护自己的合法权益，规范自己在劳动、工作、生活中的所作所为，同违法现象作斗争，以及遵守法律，保证法律实施等观念，也才能不断增强。这不仅对保护国家、集体和公民个人的合法利益，巩固安定的社会秩序，而且对维护社会主义法律的尊严和权威，都具有巨大意义。

第三，学法是做到守法的必要前提。

大家知道，社会上经常发生一般违法行为和犯罪行为。出现这种情况的原因是多方面的，其中很重要的一条，就是许多人从来不学习国家各项法律，因而也就根本不知法、不懂法，违了法甚至犯了罪，自己还不知道究竟。例如，杀害自己的孩子，砍伐国家森林，滥捕乱杀飞禽走兽，私拆别人信件，偷听别人电话，虐待迫害部属等等类似的违法犯罪现象，却不认为是违法犯罪的人不在少数。

可见，不学习国家法律，没有法律常识的人，就不会有自觉守法的观念，就难免做出违法以至犯罪的事情来。所以我们要想做一个知法、懂法、自觉守法的好公民，必须要学习法律常识，把学法、增强守法观念列入自己的议事日程，作为自己生活中一项不可缺少的内容。

总之，当今我国社会主要的和基本的方面都有法可依，法律在调整社会关系，促进经济发展中发挥着前所未有的作用。这对我们每个公民的法律素质也提出了新的更高的要求，我们务必以“科学发展观”等重要思想为指导，认真学习法律知识，提高自身的法律素养，才能适应时代发展的要求。

守　法

守法是指在一定社会里，一切组织和公民个人在知法、懂法的基础上，依照法律规定行使权力和权利，以及依照法律规定履行职责和义务，不做违法乱纪的事。简言之尊重法律，依法行事。

大千世界万事万物以遵循着自己的轨道来完善自己的生命，才使得纷繁复杂的世界显得有条不紊，和谐有序、绚丽多彩。而讲规律讲规章，也是人类社会进步、发展的客观要求。既然如此，生活在社会中的、特别是生活在社会主义国家的一切组织和个人，根据讲规律讲规章的客观要求，在其社会活动中把遵纪守法，依法规行事既看着是彰显自己权利的事，更看着是光荣的责任和义务亦是必然的了。

改革开放三十年来，我国社会主义法制建设取得了令人注目的成就，相继制定了一系列法律、法规，社会主义法律体系初步形成。但由于历史原因以及受西方腐朽思想的影响，我国社会主义法制建设中，在法的实施、法的遵守等环节上还存在着十分严重的问题。如现实中我们通常把守法简单地看着是普通百姓的事情，老百姓听话就行，须不知决定老百姓是否听话背后的因素更重要，从而导致官腐现象成为法制建设的一个薄弱环节；我们还较为忽略对社会主义法律其本质意义的宣传教育，对法律赋予人们所应该享有权力和权利的一面其宣传教育重视不够，从而导致人们片面地认为法律是专门规定义务和责任的，由此产生守法主体的主观心理与法律的原则和精神不相一致的状态，且不利于人们更好地守法；同时，由于受西方资本主义腐朽思想（资产阶级自由化的倾向，资产阶级损人利己、唯利是图、“一切向钱看”的腐朽思想，无政府主义、极端个人主义。）的影响，拜金主义、享乐主义等为许多人所崇尚，特别是一些党和国家的领导干部置法律于不顾，大搞权钱交易，为了追逐权利和金钱，不惜执法犯法、徇私枉法，不仅不能带头守法，反而肆意践踏法律，把自己手中的权力，当作谋求私利和特权的手段。这些为人民群众所深恶痛绝的社会腐败现象，严重败坏了党风、败坏了人民公仆的形象，在人民群众中造成极坏的影响，极大地挫伤了人民群众自觉守法的积极性。不难看出以上问题是影响人们遵纪守法的极大障碍。

然而问题的存在也并不是消极守法的理由，更不是违法的根据，因为：守法一方面是依法承担并履行义务，另一方面则是依法享有并行使权利；还有我们党的宗旨、我国人民的共同理想、我国社会主义法律的本质等这一切，决定了我们要积极地做遵纪守法的主人，做遵纪守法的合格公民，这既是责任和义务，更是光荣、神圣的责任和义务，而那些违纪违法的行为是与我们的社会，以及与我们社会主义的法律所不容的，与国家、与人民、与法律相抗争岂不是自毁人生？又能有什么美好人生可言呢？现实中有许多现象是值得我们思考和关注的。

案例 1

守法是合格公民的必要条件

公元前 399 年春，时年 70 岁的苏格拉底被控不敬神灵和蛊惑青年。对这种莫须有的指控，苏格拉底没有像很多人一样进往国外，而是接受了审判。在辩护中，苏格拉底刚毅不屈，慷慨陈词，义正词严地驳斥了对他的指控，因而激怒了审判官，最后被判处死刑。当苏格拉底身陷囹圄之时，好友克力同前泉营救他以便逍往国外，但被一生实践德行的苏格拉底拒绝了。苏格拉底拒绝出进的理由是：公民是国家所生、所养、所教、公民与法律之间是一种契约关系。后来，苏格拉底在与亲朋纵论哲学之后，坦然地饮鸩而死。

点评：

苏格拉底之死为我们提供了公民守法的耐人深思的事例，社会的安定有序是我们每个合格公民的最美好地期盼。我们说守法是合格公民的必要条件，其理由是：

（1）守法是一项基本的公民义务。法律决不是出自立法者手笔的一纸呆板的文字，守法也不仅是公民与国家之间的一种契约，它关乎人们的日常言行、饮食起居；它告诉人们如何为人处世、如何生活工作，因此，它是人类文明生活的指南针。但凡对于法律具有一定程度的了解和体会的人都能够承认：法律就是在向人们展示应有的生活方式和存在样式，公民对于法律的遵守实质上是对于诚实、正直和美好生活的追求和忠贞。为实现公民对于美好生活的理想，每一个公民都应当认真对待自己的权利和义务。只有认真对待自己和他人权利的人才堪称“公民”，也只有认真对待自己和他人权利的人才能真正懂得义务的价值与神圣，才能自觉自愿地守法。因此，公民守法意味着自觉地履行法律义务和承担法律责任，同时也意味着认真地行使法律权利和提出法律请求。公民守法还意味着公共权力与私人权利的平衡。在现代法治的视域中，不承认任何特权和强权的存在，任何人都必须遵守法律，服从法律，维护法律的统一和权威。

（2）守法是一项优良的公民品格。法律的生命在于运行、执行和遵守法律，是实现法治理想的基本途径和基本要求。无论是作为统治手段、治国依据，还是作为人们的生产规范、生活准则，无论是为了实现秩序与公正，还是为了实现自由与效率，法律都必须被执行和遵守，否则便毫无意义。对于公民来说，守法则是其应有的基本品格。被称为“公民”者，必然具有法律的属性，而这种属性的实质就是公民必须“守法”。“法律是道德的最低限度”。因此，守法也是公民道德的内在需要，不守法的“公民”便不是有德行的公民。

当然，作为法治社会的公民守法，其必然前提是法为良法。也就是说，法律本身必须是德性的彰显，而不能是统治者的任性。苏格拉底以其“杀身成仁，舍生取义”的凛然正气最后一次实践了他作为一位哲学家的德行，同时也以其守法的选择促成了人们对于“恶法”的反思。

（3）守法是一种崇高的公民精神。良好而完备的法律体系是实现法治的必要条件，但不是唯一条件。一个国家即便有制定得良好的法律体系，倘若缺乏良好的守法精神，仍然不能实现法治。就其现实性而言，守法精神是构建现代公民精神的核心内容。现代公民精神的实质在于强调公民的主体性、主动性和自觉性。因此，只有那种出自公民内心自觉的守法，才能够成为法治社会中公民精神的核心要素。守法应是基于公民意识的自愿行为，而非慑于暴力强制的被迫行为；应是基于公民对于法律作为社会生活规则的深切理解和内心认同，基于公民对自我的尊重，对他人的尊重，对社会和国家的尊重。

我国社会主义法律制度关于“有法可依，有法必依，执法必严，违法必究”的基本内容，其实质就是告诉我们要做遵纪守法的合格公民。

案例 2

认真读书　守法有道

中国古籍全录中有很多关于认真读书，做人有道的记载。如，“大抵富贵之家教子弟读书，固欲其取科第及深究圣贤言行之精微。然命有穷达，性有昏明，不可责其必到，尤不可因其不到而使之废学。盖子弟知书，自有所谓无用之用者存焉。史传载故事，文集妙辞章，与夫阴阳、卜筮、方技、小说，亦有可喜之谈，篇卷浩博，非岁月可竟。子弟朝夕于其间，自有资益，不暇他务。又必有朋旧业儒者，相与往还谈论，何至饱食终日，无所用心，而与小人为非也。”的教导等。

主要讲述的是，大概富贵人家教育子弟读书，本意是想让他们在科举中取得功名，并且更深一层探究圣贤言论行为中的精微之处。然而，人的命运注定有的仕途不顺，有的却仕途畅达，各人的性情资质也不同，有的昏暗迟钝，有的明朗灵活，不能苛责每一个人都能达到预定的目标。尤其不能因为他们没有达到预期的目的而让他们放弃学业。大凡子弟读书，本来就有所谓的没有用处的用处存在。子弟们读的书中也有许多看似无用其实有大用的书籍存在。史传中所记载的故事，文集中收集的奇妙的辞章，与那些阴阳、占卜、小说之类的书籍收集在一起，其中也有许多可以谈论的好内容，篇章书卷浩浩荡荡，广博精深，并非一年半载或几个月所能浏览得完。子弟们早晚沉醉在书籍中，自会有所收益，且来不及干其他行为不轨之事。又一定会有朋旧故交以儒学为业的，时常往来谈论学问，这样，子弟们就没有时间饱食终日，无所事事，而与小人为伍，为非作歹了。

点评：

令“子弟”致学，在现代人的眼里，几乎是被全社会所认同的至理，但在古代封建社会里，人们读书是为了求取功名。倘若没有得到功名，在大人们的眼里，他们的书白读了，也就没有再读下去的必要了。穷人家的孩子不得不去帮着养家糊口，富人家的孩子逍遥终日，都荒废了学业。殊不知，“书中自有颜如玉，书中自有黄金屋”，书读多了，人自然而然有了修养，无暇也不屑去干那些鸡鸣狗盗之事，从而也不会惹是生非了，事实证明读书就是守法之道。如一代明君唐太宗，深晓教育子弟的重要性，为自己的儿子选择良师，并时时加以教诲，严肃地告诉他们：“君子小人本没有严格的限界，做善事就成为君子，做恶事便成为小人，应当自己克制自己，使自己经常听到一些善事，切记不要放纵自己，从而使自己陷入被刑戮的境地。”“如果不遵纪守法、接受教诲，忘掉礼法，必然导致被杀戮的悲惨结局，父母虽然极为怜悯，但又有什么办法呢?”可见，唐太宗深刻地认识到了不使子弟接受教诲，任其放纵的严重后果，如晋惠帝的长子司马遹的结局就是佐证。晋惠帝司马衷的皇后贾南风，凶暴酷虐，干预国政，祸乱后宫。司马遹是晋惠帝的长子，少年聪颖，后被立为太子。贾皇后无子嗣平素就很忌恨太子，为加害司马遹，她一面令他与生母谢玖分开，一面暗地里指使太子身边的宦官对太子放松管教，任其荒疏学业、嬉戏玩耍，以至太子既不喜欢学习，又不尊重师长，只喜欢和身边的人嬉戏；并劝他动用严刑惩罚对自己进行劝谏的人。于是他一天天怠慢松懈，只在园中游戏，荒废学业的同时变得日渐暴戾，有敢冒犯者，他便用棍子击打。又让小商小贩到皇家的西园卖各种杂物，他坐收其利。他将用于众人的钱供他宠幸的人使用。太子舍人杜锡屡屡劝他远离小人，“修德进善”。舍人杜锡的苦心劝谏，换来的是针刺的严酷惩罚。贾皇后趁机向晋惠帝进谗言，最终，司马遹被废为庶人，并被贾皇后害死，年仅二十三岁。不仅自毁了前程，也把性命葬送了。

由此可见学习的重要，从小荒废学业，沉溺于享乐之中，为所欲为，无法无忌，岂有不败之理？现实中不安学习、不韵守法之道而落得落寞人生不胜枚举的事例又给了我们多少深刻的启示？

案例 3

懂法还需守法

案 情

房县信访局长即将上大学的 19 岁爱女，在家中被人残害致死，民警联合搜捕，嫌犯畏罪自杀。

案发2007年7月9日上午10时30分，房县公安局刑警大队接到110指挥中心通知，房县法院家属楼有一人死亡。经公安部门现场勘查走访，查明死者名叫吕纳，女，1990年7月2日出生，应届高中毕业。其父吕世品是房县县委办公室副主任；信访局局长；母亲许明芳为房县红塔乡政府干部。经调查，死者母亲当日早上7时25分从家中出门上班，走时吕纳起床，10时20分其母回到家中，发现吕纳躺在床上，脸上压有两床毛巾被和一个枕头，经公安部门尸检初步确定为他杀。案件发生后，房县公安机关经过紧张摸排，一名叫方勇的男子引起了警方的注意。52岁的方勇为刑满释放人员，多年来，他一直为自己要求恢复公职而反复纠缠上访。

1985年9月25日，方勇因贪污嫌疑被审查，怀恨办案人员即县财政局原人事教育股长赵某有意对自己过不去，遂起杀人之心。当日深夜，方勇以找赵某谈话为由将赵某骗进自己寝室，趁其不备，用提前准备的斧子，猛击赵某头部，赵某当场昏死。方勇唯恐赵某不死，又举斧朝赵某头部猛击数下后，畏罪潜逃，同月28日被抓捕归案。受害人赵某头部多处粉碎性骨折、脑水肿，虽经住院治疗保住生命，但成了终身残疾。1986年4月4日，湖北省高级人民法院以故意杀人罪判处方勇死刑，缓期两年执行，剥夺政治权利终身。服刑期间，他减刑4次，减刑3年7个月，实际执行刑期20年零3个月，2006年7月，得以刑满释放。此后，方勇靠种菜和贩菜为生，并向县多个部门反映过自己的情况，要求相关部门恢复他的公职。后经县监察局、县政府、十堰市人民政府依规三级复查复核，明确回复方勇诉求不予支持。考虑到方勇生活困难，当时县信访局局长、财政局局长与民政局局长沟通后，于2006年8月为其办理了城市低保，每月150元。2007年，吕世品调到房县信访局工作后，两年来，方勇数次找到他，要求恢复公职。信访局等单位始终本着热情接待、耐心解释、正确疏导的原则，做好其思想工作，县领导及有关领导多次热情接待方勇，指示有关单位认真接访，解决其生活困难但他不听解释与劝告，并扬言要报复社会。

犯罪嫌疑人畏罪自杀

初步确定嫌疑人后，房县公安局下发方勇的照片，多警联动对其可能落脚、藏匿的地点进行布控。为防止嫌疑人外逃，房县向周边县市快速发布协查通报，在房县电视台滚动播出2万元悬赏公告，并发放和张贴了1万多份悬赏公告，号召广大群众踊跃提供线索。7月9日14时许，摸排调查的民警接到市民反映，方勇作案后，曾在房县城关菜市场出现过。警方分析，从该市场步行半小时即可抵达地阔人稀的凤凰山。鉴于此山易躲易藏的特点，警方遂安排一组民警赶赴山中进行搜捕。9日19时许，侦查人员在走访中得知方勇有报复的意向，又根据现场提取的物证和技术鉴定结果，进一步锁定了方勇就是“7·9”杀人案件真凶。9日夜，房县公安局组织民警100多人，加强所有重要路口的堵截、抓捕工作；调集治安巡逻队、村委干部、民兵等其他所有力量连夜在房县城区各社区、街道、场所以及所有犯罪嫌疑人可能涉及的地点开展地毯式搜查，对嫌疑人实施围捕。

10日上午，民警在凤凰山附近的溜石板沟一块大岩石的不显眼处发现一串钥匙，经过调查，这串钥匙系被害人父亲的；正是吕世品在案发现场丢失的那串钥匙。11日下午，省公安厅刑侦总队队长魏伟赶赴房县坐镇指挥破案。12日13时，2000多人组成的搜捕队伍集结在一起，决定对凤凰山展开一次大规模的搜捕行动。搜山时，雨下个不停，山路泥泞。魏伟说，犯罪嫌疑人方勇穷凶极恶，杀害无辜的女高中生，遇害者还是一名信访干部的女儿，影响恶劣。公安机关决心出重拳，尽快将其缉拿归案。经过40km^{2}深山地毯式搜索排查，14日12时许，负责搜捕工作的公安民警在房县城关镇溜石板沟发现一具男性尸体，经初步鉴定，尸体系房县“7·9”故意杀人案的犯罪嫌疑人方勇。发现尸体的地方山高林密，据分析，方勇是迫于警民联合搜捕的强大攻势无处逃遁畏罪自杀的。

案发之前疑犯踩点，曾引起信访局长警觉

“作为信访局局长，几乎每次都是我出面劝解及答复，我也料到他会找我的麻烦。”昨日，吕世品回忆说，早在案发前，他都感觉异常，可因为工作太忙了，以至于留下了终生遗憾。案发前一个星期，他在法院家属楼大院内看到了方勇，当时他还以为方勇要找他。在他看到方勇的同时，方勇也发现了他，然后迅速走开。7月初，在县多个部门再次认定方勇的诉求无理，不予支持后，方勇曾扬言，要报复他和其他几名领导。7

月8日，也就是吕纳被害的前一天早上，吕世品和妻子下楼上班时，在楼梯道口看见方勇鬼鬼祟祟地盯着自己的住房，此时方勇也发现了他，吕世品清楚地看到方勇将手伸进了裤兜，准备掏什么东西，他担心方勇有什么过激的行为，便嘱咐妻子先乘坐一辆摩的走了，正在此时，法院的一位熟人看到了他，此时方勇发现有人来了，便很快离去。和熟人打了招呼后，吕世品到达了信访局门口，刚一下车，方勇就走到他跟前拦住他说："吕局长，我有一句话要说。"当时吕世品正准备看一个会议材料，便说："今天我很忙，改日再说行不行?"随后，方勇便走开了。"要不是因为工作；惨剧完全可以避免的!"45岁的许明芳在接受记者采访时几度落泪。她7月8日请了假准备和女儿去十堰看病，可是当天仍然有村民的倒房款没领取，因此9日早上7时许，她和女儿就起床了，临走时，她告诉女儿冰箱里有热干面和鸭肉，让女儿自己热了当早餐吃，随后她就出门了。10时20分许，她返回家，打开门后叫了女儿两声，女儿没有答应。她想女儿是不是在上网，就走到女儿房间，发现女儿还躺在床上，头上蒙着两层毛巾被一个枕头，她感觉女儿有点奇怪，在将枕头拿开的一刹那，她差点昏厥，女儿已经没了呼吸。

女儿遇害时信访局长正在办公室接访

9日上午，吕世品将钥匙忘在家里了。那天早上9时许，他接待了一位上访者，因为对方反映的情况比较复杂，时间长达一个多小时。当时，他将上访者带到了局接待室，而他的手机却放在了自己的办公室。而此时一直联系不上丈夫的许明芳只好给信访局纪委书记宋宏军打电话，听到噩耗的宋宏军迅速来到吕世品家，路上他通过电话联系上了吕世品的司机。随后，司机在局接待室找到了吕世品，并告诉他家里出事了。吕世品安排好手上的工作后，立即跑到自己办公室，拿起手机回拨过去，妻子接通电话后嚎啕大哭。感觉事态严重的他立即回到家，刚走到楼下，就听到楼上有悲痛的哭声。进门口，他简直不敢相信早上还好好的女儿已经不在了。吕世品表示，虽然女儿被穷凶极恶的歹徒残忍杀害，但热爱信访事业的他绝对不会因此放弃他的事业。他将继续从事信访事业，为党和群众分忧，他相信邪恶永远战胜不了正义。

令人痛惜，受害人已被湖北师范学院金榜题名

案件告破后，许多亲友和生前同学昨日下午纷纷前往吕纳的墓地，送上鲜花。据一位同学介绍，吕纳品学兼优，今年高考考了 516 分，填报的是湖北师范学院。生前她很想学习新闻专业，而且平时非常喜欢看央视《新闻调查》等栏目；还特别喜欢大诗人李白。“站在这儿，我感觉好冷！”炎炎夏日，吕世品站在女儿坟前说，案发至今，他只流过 3 次眼泪，分别是十堰市委副书记王启泉、湖北省信访局副局长王济民、全市各县信访局长看望他及妻子的时候。吕世品说，砌坟时，家人打电话让其题写碑联，他脑海中立即闪过一个念头——一定要用最精辟的字句表达痛失爱女的心情。思考了两分钟后；吕世品便脱口而出：“屈逝英才惊世骇俗，蒙难花季撼天恸地”。“女儿是因为遭受歹徒毒手离去的，因此称为蒙难；花季是指我的女儿才 19 岁，花儿一般的年龄，还未真正体会到生活的乐趣，便匆匆离去，所以用屈逝；英才是指我的女儿是个才女，语文成绩出奇的好。”吕世品说，女儿被害后，省市县各级领导、

亲戚朋友、社会各界人士以及学校师生等对他们一家人深切关怀，因此横批用了“大爱无疆”。

点评：

从案情来看，犯罪分子之所以犯罪，是因为他滥杀无辜，致使吕世品可爱的、正值“19 岁花季”的女儿殒命于其罪恶之手而从此生命不再；从案情结果来看，嫌犯方勇的畏罪自杀说明他懂法，但其杀害房县信访局长 19 岁女儿的犯罪事实却说明他不守法。人的一生的确是艰辛漫长，但不能因为艰辛和漫长就以犯罪来亵渎自己的人生，要知道有多少人因艰辛而锻炼了坚定的意志，又有多少人因艰辛而创就高尚品德；有多少人因岁月的漫长而与书为伴，又有多少人因岁月的漫长而视劳动为乐。人的一生谁无坎坷，但人生的坎坷并不是人生的终结，怎么可以以违法的消极犯罪行为来翻越？遵纪守法其实也是守住自己做人的尊严之所为，否则最终结果就是放弃尊严、自毁人生。方勇消极以及罪不可赦的人生告诉我们，懂法还需守法，正是因为他的不守法才得此下场。

案例 4

敬重生命做人的基本准则

杭州飙车案，犯罪情节严重，社会影响恶劣，法院对被告一审判刑 3 年。据新华社电杭州市西湖区人民法院对“5·7”交通肇事案进行了一审公开宣判，以交通肇事罪判处被告人胡斌有期徒刑 3 年。

法院经审理查明，2009 年 5 月 7 日晚，被告人胡斌驾驶经非法改装的三菱轿车，与同伴驾驶的车辆从杭州市江干区机场路出发，前往西湖区文二西路西城广场。途经文晖路、文三路、古翠路、文二西路路段时，被告人胡斌与同伴严重超速行驶并时有互相追赶的情形。当晚 20 时 08 分，被告人胡斌驾驶车辆至文二西路德加公寓西区大门口人行横道时，未注意观察路面行人动态，致使车头右前端撞上正在人行横道上由南向北行走的男青年谭卓。谭卓被撞弹起，落下时头部先撞上该轿车前挡风玻璃，再跌至地面。事发后，胡斌立即拨打 120 急救电话和 122 交通事故报警电话。谭卓经送医院抢救无效，于当晚 20 时 55 分因颅脑损伤而死亡。事发路段标明限速为每小时 50km。经鉴定，胡斌当时的行车速度在每小时 84.1km～101.2km 之间，对事故负全部责任。

法院认为，被告人胡斌违反道路交通安全法规，驾驶机动车辆在城市道路上严重超速行驶，造成一人死亡并负事故全部责任，其行为构成交通肇事罪。被告人胡斌案发后虽未逃避法律追究，其亲属也能积极赔偿被害人家属的经济损失，但胡斌无视交通法规，案发时驾驶非法改装的车辆在城市主要道路上严重超速行驶，沿途时而与同伴相互追赶，在住宅密集区域的人行横道上肇事并致人死亡，造成恶劣的社会影响，犯罪情节严重，应从重处罚。

被告人胡斌亲属，被害人谭卓亲属旁听了宣判。

案发后，胡斌亲属与被害人亲属已就民事赔偿达成协议，胡斌亲属已赔偿并自愿补偿被害人亲属经济损失共计人民币 113 万余元。

点评：

经法院一审公开宣判，以交通肇事罪判处被告人胡斌有期徒刑 3 年。这一宣判结果，当事双方家长均表示失望。为什么胡斌被判有期徒刑 3 年？审判长潘波在宣判后的新闻发布会上，就庭审争议的焦点和社会舆论关注的问题详细解释了有关法律依据，陈述了判决理由。

没有“其他特别恶劣情节”

庭审中被害人诉讼代理人提出胡斌有其他特别恶劣情节，法院没有采纳代理人意见。潘波说，依据就是最高人民法院的司法解释。潘波解释说，2000 年 11 月最高人民法院《关于审理交通肇事刑事案件具体应用法律若干问题的解释》第四条规定，交通肇事具有下列情形之一的，属于“有其他特别恶劣情节”，处 3 年以上 7 年以下有期徒刑：①死亡 2 人或者重伤 5 人以上，负事故全部或者主要责任的；②死亡 6 人以上，负事故同等责任的；③造成公共财产或者他人财产直接损失，负事故全部或者主要责任，无能力赔偿数额在 60 万元以上的。潘波表示，据此，胡斌的行为不符合司法解释关于交通肇事罪其他特别恶劣情节的具体规定，根据罪行法定原则，也不能认定被告人胡斌交通肇事有其他特别恶劣情节。

“自首情节”法庭没采纳

胡斌的辩护人在庭审中提出胡斌有自首情节的意见，没有被法院采纳。潘波说，这是因为被告人胡斌肇事后及时报警并在现场等候的行为，属于履行道路交通安全法规定的义务，刑法对交通肇事后逃逸的行为规定为加重处罚情节，刑事立法上已将履行道路交通安全法规定义务的肇事人予以从轻处罚。如果将被告人胡斌肇事后报警并在现场等候处理这种履行法定义务的行为认定为自首情节并再次从轻或者减轻处罚，那在法律上就进行了重复评价。他认为，如果某个人交通肇事后逃逸，之后又到司法机关投案，还是可以认定为自首的，但是刑法第133条明确规定，肇事后逃逸应在3～7年的幅度内量刑，对肇事后逃逸的行为人即使有自首情节也必须在3～7年的幅度内综合考虑是否从轻或者减轻处罚。因此，刑法对肇事后逃逸再自首的行为人的处刑仍比肇事后履行报警等法定义务的行为人要重。

刑期三年

最高人民法院《关于刑事附带民事诉讼范围问题的规定》第四条规定，被告人已经赔偿被害人物质损失的，人民法院可以作为量刑情节予以考虑。但潘波强调指出，胡斌无视交通法规；案发时驾驶非法改装的车辆在城市主要道路上严重超速行驶，沿途时而与同伴相互追赶，在住宅密集区域的人行横道上肇事并致人死亡，造成恶劣的社会影响，犯罪情节严重，应从重处罚。故积极赔偿被害人经济损失等理由尚不足以减轻其罪责。

以上解释告知，法院讲的是事实、是证据，是法律依据，其结果失望否，不能以当事人的单方愿望出发，如果真的是爱护孩子又岂是此时。现在富家子弟敢公然在城市中心大街上飙车，有一重要原因无疑是其个人放纵的思想和对他人生命敬重的缺失在作祟，但这种“个人过错”背后难道就没有社会背景和诱因？胡斌的教训告诉我们，事故的法律责任是该由个人来承担。但一次次公众的焦虑和愤慨，则无不说明社会需要进行深刻的反思。处罚“偶然”即为个案，追责“偶然中的必然”才是最重要的。当今社会主义市场经济体制的确立，有效地推动了社会进步和发展，人们手中钱多了，但是，在有钱并不是坏事的同时，其社会以及孩子的父母仍要注重精神文明等素质教育，教育孩子学会勤劳节俭；学会创造；学会尊重，而不能恃钱傲物，做钱的奴隶。如果说钱真的能摆平一切的话，社会的公正、道义往哪儿摆？法律又该如何作为、其威严又该何许评说？要知道践踏法律最终践踏的是自己的肉体和心灵。

案例 5

河南农民发布虚假地震信息案始末

突发“地震”信息吓坏众人

2009 年 2 月 14 日，夜幕下的河南巩义市城乡，寒风刺骨，万籁俱寂。

晚上 22 时 28 分，巩义市涉村镇前窑村村民张风正在家中收看精彩电视节目，突然，放在桌子上的手机发出了响亮的短信提示声。张风起身翻看短信后，一下子惊出了一身冷汗。原来，该短信是这样写的：“尊敬的用户您好，中国移动向你温馨提示，据国家地震局下发通知，今天夜里凌晨 3 点钟，河南省中西部地区将有 7.5 级地震，由国务院、公众事业部、河南省委要求紧急向您通知，请您紧急防范，确保财产和人身安全。”

连看几遍短信内容后，张风发现该短信，是本村村民曹生发来。10min 后，张风再次收到曹生发来的短信，称其刚才是开玩笑的，不要介意。

凌晨 1 点刚过，村中突然传来“要地震了”的高喊声，并且有热心村民挨家挨户喊门，让大家都赶紧起来。此时，张风只好喊醒全家人撤离房屋。与此同时，邻村村民李涛也收到了这条“灾难短信”。惊慌之余，他赶紧把短信内容用电话告知了亲戚们，并把短信转发给了两个最要好的朋友。就这样，这一“石破天惊”的消息，经过口头和电话一传十、十传百，瞬间传到多数村民耳中，大家纷纷走出家门，到村外边的公路上“避难”。但一直到第二天早上 8 点，传说中的地震也没有任何动静。

白某是巩义市体育馆的一名工作人员。消息传来时，他正在本馆西北角的值班室内值班。2 月 15 日凌晨 3 时左右，他发现值班室门口围了五六十人，馆内空地上也有很多人，纷纷议论说要地震，直到凌晨 5 时后方才散去。

王某是巩义市宋陵公园管理处的一名工作人员。2 月 15 日凌晨，他发现了一个奇怪的现象：公园里的人格外多，最少聚有几千人，各个门口都堵满了车，大家的话题只有一个，都说要地震，不敢在自己房子里呆，来这里躲避。

发布信息者浮出水面

与此同时，即将发生地震的消息愈传愈烈，已经对相互毗邻的巩义、新密、登封等地部分群众的生活造成了很大影响。为此，河南省地震局不敢怠慢，迅速调查后向公众做了进一步说明。

经了解，巩义市涉村等镇谣传15日凌晨3点将要发生7.5级地震，引起部分群众夜晚留滞户外。地震谣言的发生地为巩义市涉村镇，传播涉及巩义市区和下属10个乡镇以及周边地区。

为了防止与巩义交界的登封市部分乡镇地震谣传蔓延，郑州市地震局还要求巩义与登封市政府立即召开各乡镇办事处紧急会议，部署地震谣传平息工作。查清地震谣传的范围，防止地震谣传蔓延和再次发生，并要求两市的电视台、广播电台滚动，播出平息地震谣传的字幕。

河南省地震局同时向公众介绍说：目前，河南省境内和省界交汇处共有35个地震监测站，全部数字监控。截止到2月16日下午5时，数字监控系统没有发现任何异常情况，关于新密、登封、巩义地震的传言纯属谣传。

虽然此事让公众虚惊一场，但警方当即决定对地震谣言的发布者进行调查。

2月15日晚上19时许，自感惹下大祸的巩义市涉村镇前窑村村民、现年34岁、初中文化的曹生主动到巩义市公安局涉村派出所投案，这才揭开了事实的真相。

原来，今年2月14日晚上，躺在床上闲着无聊的曹生，在翻看手机短信收件箱时，发现一个陌生人给他发的一条短信很幽默，短信的内容大致是："尊敬的用户您好：中国移动向您温馨提示，据国家气象局预报天气，今天夜里将有冰雹大如牛，雪花大如山，砸烂你的头，顺着山坡流，请注意人身安全，过好牛年。"

百无聊赖的曹生见状觉得好玩，于是灵机一动把这条短信修改为："尊敬的用户您好：中国移动向您温馨提示，据国家地震局下发通知，今天夜里凌晨3点钟，河南中西部地区有7.5级地震，由国务院、公众事业部、河南省委要求紧急向您通知，请您紧急防范，确保财产和人身安全。”然后，他毫不犹豫地按下发送键，将该短信向熟悉的几个朋友转发了。

曹生也许没有想到，自己的这个无聊玩笑，却导致很多人信以为真，并由此造成公众极度恐慌。虽然事后他竭力想挽回谣言，并向几位朋友解释说是“玩笑”，可惜为时已晚。

发布虚假信息构成何罪

曹生被逮捕后，其家人以他精神曾受过严重刺激为由，要求司法机关对他做“精神病”鉴定。5月6日，河南省洛阳市精神卫生刑事诉讼精神病医学鉴定委员会做出鉴定结论：曹生作案时精神状态正常；完全责任能力。经过一系列司法程序，今年6月26日，河南省巩义市人民法院公开开庭审理了此案。

公诉机关认为，被告人曹生编造、故意传播虚假恐怖信息，其行为触犯了《中华人民共和国刑法》第291条的规定，犯罪事实清楚，证据确凿充分，应当以编造、故意传播虚假恐怖信息罪追究其刑事责任。

庭审最后，曹生声泪俱下地说，由于自己愚昧不懂法，没意识到短信带来危害，愿意接受任何惩罚，争取早日走上社会。

由于此案较为复杂，主审法官只好宣布，待合议庭合议后，择日另行宣判结果。

经过认真研究，2009 年 7 月 6 日，河南省巩义市人民法院对此案作出了一审判决，判决被告人曹生犯编造、故意传播虚假恐怖信息罪，判处有期徒刑一年。

点评：

河南一农民心血来潮之际，居然以国家地震局和中国移动的名义，向朋友发出了一条“本地将要发生 7.5 级大地震”的玩笑短信。不想这一石破惊天的消息却一传十、十传百，瞬间传到万人耳中，导致当地群众闻之色变，纷纷从温暖的被窝中逃出来，在严寒中滞留一宿。2009 年 7 月 6 日河南省巩义市人民法院对这起离奇的案件做出了一审判决，始作俑者将为自己的荒唐行为付出沉重的代价。

法庭的审理虽然告一段落，但是被告人曹生的行为却值得人们深思。根据以上状况，专家因此提醒，虚假信息会给生产、生活带来很大危害，提醒大家不信谣不传谣。如果某人或国外媒体说某日某时某地发生几级地震，那肯定是假的，因为准确的时间、震中、震级不可能预报那么准，并且目前地震灾害等信息只有政府有权发布，任何其他部门、单位或个人发布此类信息都是违法的。请每个人记住，法律不原谅愚昧违法者。

案例 6

私设电网，危及他人安全案

某监狱警卫人员张某，为了自家安全，在住宅墙上私自架设电网，并不定时通电。一日邻居刘家小孩扒墙被电击倒，经月余时间的治疗才恢复健康。因此，张被刘家私设电网殃及邻居为由告发，经公安部门查证核实后，予以罚款处罚，并令其拆除所架电网，赔偿受害人的经济损失。

点评：

水利电力部，公安部《严禁在农村安装电网的通知》（1993年9月23日）中规定“凡安装电网者，必须将安装的地点、理由，并附有安装电网的四邻距离，以及使用电压等级和采取的预防误触电措施等有关资料，向所在地县（市）公安局申报，经过审查批准，方可安装。”《中华人民共和国治安管理处罚条例》第21条第2款规定“未经批准，安装、使用电网的，或者安装、使用电网不符合安全规定，尚未造成严重后果的”处200元以下罚款或者警告。张某身为劳改部门公职人员，无视用电有关法规，为了自家安全而殃及他人，实属违反治安管理的行为，所以受到应有的惩罚。

以上一件件令人震动的事件告诉我们，不守法是社会所不允许的，而守法也是一定能做得到的。法的本质告诉我们法代表的是国家意志，在我国，国家意志即人民意志。作为人民意志的体现的法，是通过规范人们的行为来实现的，因此，法就具有了要求人们遵守的属性，这就为守法提供了前提；并且法又具有依靠国家强制力保证实施的特点，即它要求人们必须守法，不守法是不允许的，否则会招致国家强制力的干预，法的这一特点又使守法成为现实和必然；再且守法是社会主义法制建设的中心环节，法的制定固然重要，法的实施更为重要，而法的遵守又是法的实施的基本形式和关键环节，全体社会成员对法的普遍遵守更是法的实施的基本要素，古希腊著名的思想家亚里士多德认为：“邦国虽有良法，要是人民不能全部遵循，仍然不能实现法治。”再完备的法律，如果不能为人们所遵守，也只能是一纸空文，所以必须守法。同时守法也是一定能做得到的。首先，社会主义法具有广泛的人民性、社会性和科学性，这就从根本上决定了广大人民能够自觉遵守社会主义法。其次，当前在全体公民尤其是领导干部和青少年中，通过逐步树立适应现代化建设需要的法律观念，如权利义务相统一的观念、法律面前人人平等的观念、公平与效率相统一的观念、民主法制观念等普法教育，已成为社会主义法律能否被普遍遵守的至关重要的文化建设课题。再次，我们也清楚地看到，我国人民民主专政的国家制度、社会主义公有制的经济制度及社会主义市场经济新体制、建立在民主集中制基础上的人民代表大会制度、以马克思主义为指导的社会主义精神文明、安定团结的政治形势等，这一切又为人民群众自觉守法提供了良好的客观条件。

总之，守法在社会主义法制建设中至关重要，要健全社会主义法制，必须重视守法。要不断消除阻碍守法的消极条件，着力优化和完善守法的积极条件，加大守法宣传力度，努力实现人们自觉守法，尽快走上依法治国之路。

用　法

用法指在知法、懂法和守法的基础上，一定社会组织和公民个人以及司法机关，充分利用法律，实施对社会公共利益和个人私有利益等权力和权利的保护和维护。

法律的产生不是凭空的，它是维护社会秩序的重要手段之一。

法律包括国家宪法和国家基本法律。公共生活是我们社会生活的主要形式之一，我国基本法律在刑事、民事、行政等方面有着一系列关于人们社会公共生活的法律规范，其主要为：《治安管理处罚法》、《集会游行示威法》、《环境保护法》、《道路交通管理法》、《维护互联网安全的决定》等。

关于人们社会公共生活法律规范的基本立法精神是，在维护公共秩序、保障公共安全、保护公共环境的基本前提下，保护公民、法人和其他组织的合法权利与自由。

我国关于社会公共生活的法律规范作用主要表现为：

一是指引作用。法律的指引作用是指法律所具有的、能够为人们提供一种既定的行为模式，从而引导人们在法律范围内活动的作用。指引作用是法律最首要的作用。法律的首要目的并不在于制裁违法行为，而是在于引导人们正确的行为，合法地参与社会生活。法律的指引作用主要是通过授权性规范、禁止性规范和义务性规范三种规范形式实现的。与之相应的指引形式分别为授权性指引、禁止性指引和义务性指引。授权性指引是指运用授权性法律规范，告诉人们可以做什么或者有权做什么；禁止性指引是指运用禁止性法律规范，告诉人们不得做什么；义务性指引是指运用义务性法律规范，告诉人们应当或者必须做什么；如《治安管理处罚法》、《道路交通管理法》等。

二是预测作用。法律的预测作用是指法律通过其规定，告知人们某种行为所具有的、为法律所肯定或否定的性质以及它所导致的法律后果，使人们可以预先估计到自己行为的后果，以及他人行为的趋向与后果。人们可以根据法律规定，对特定行为的法律后果进行预测，从而自觉、自主地调整自己的行为，使之更加符合法律的规定。这样就可以减少和化解一些矛盾和纠纷，减少违法犯罪行为的发生。法律的预测作用有助于全社会确立正常的法律意识，自觉服从法律，严格依法办事。同时，法律的预测作用对于法的适用也具有重要的意义。

三是评价作用。法律的评价作用是指法律所具有的、能够评价人们行为的法律意义的作用。法律的评价客体是人们的行为。这里所说的人们，既包括自然人，也包括法人和其他社会组织。法律评价的标准是合法与不合法。对于国家机关及其公务人员，由于强调其“依法行政”、“依法司法”等，所以其公职行为必须要有法律上的根据。对其行为的评价标准就是合法与不合法。他们的公职行为只有合法，才能获得法律的保护，否则就是非法，就应当承担相应的法律责任。对于社会民众来说，法律对其要求是不能违反法律，只要违反了法律规定，就必须承担法律责任，受到法律制裁。行为评价标准有法律、道德、纪律等，它们是可以同时适用的。但应该注意的是，既不能用法律评价取代道德评价、纪律评价，也不能用道德评价、纪律评价代替法律评价。

四是强制作用。法律的强制作用是指法律能运用国家强制力制裁违法和犯罪，保障自己得以实施的作用。法律的强制作用是法的其他作用的保障。没有强制作用，法律的指引作用就会降低，预测作用就会被怀疑，评价作用就会在很大程度上失去意义，教育作用的效力也会受到严重影响。法律强制的主体是国家、社会成员与社会组织。国家是强制的主动主体，作为被强制对象的社会成员或社会组织则是被动主体。法律的强制手段是国家强制力，包括警察、法庭、监狱等。法律强制的目的在于实现法律权利与法律义务，即实施法律，确保法律的应有权威，维护良好的社会秩序，维护社会正义。从强制作用的角度看，法律对于义务者来说是一种强制约束，对于权利者来说则是一种强制保障。

五是教育作用。法律的教育作用是指法律所具有的、通过其规定和实施而影响人们思想，培养和提高人们法律意识，引导人们依法行为的作用。法律的教育作用的实现主要有三种方式：其一是法律做出规定，通过人们对法律的了解和学习，发挥教育作用；其二是法律通过对各种违法犯罪行为的制裁，使违法犯罪者和一般社会成员受到教育；其三是法律通过对各种先进人物、模范行为的嘉奖与鼓励，为人们树立良好的法律上的行为楷模。法律的指引作用、预测作用、评价作用、强制作用都有一定的教育意义。法律的教育作用普遍存在于法律作用中，可以通过多个方面和多种形式得以实现和体现。法律的教育作用有利于使法律获得人们的内心认同，进而自觉遵守。法律的教育作用主要是通过以下方式来实现的：①反面教育。即通过对违法行为实施制裁，对包括违法者本人在内的一般人均起到警示和警戒的作用。②正面教育。即通过对合法行为加以保护、赞许或奖励，对一般人的行为起到表率、示范作用。

当今发生在我们身边各种侵扰他人权利和权力的现象已是严重存在，因此我们对社会公共生活的法律规范有所了解、有所懂得的责任已不可懈怠。只有拥有法律规范知识、只有树立明确的公共生活规范意识、只有自觉遵守社会公共生活准则，才有可能做到遇事充分适用法律，并让其为社会服务；也只有这样才能更好、有效地防止各种侵扰他人权利和权力的现象发生，建立起和谐的现代生活方式。

案例 1

被收容者孙志刚之死案

时间像潮水，它冲刷着人们的记忆，可是也撞击着人们的心灵。

孙志刚，男，27 岁，湖北黄冈人，2001 年在武汉科技学院艺术设计专业结业。2003 年 2 月 24 日受聘于广州达奇服装有限公司。3 月 17 日晚 10 时许，孙外出上网，途遇天河区黄村街派出所民警检查身份证，因未带身份证，被作为“三无人员”带回派出所。孙的同学成先生闻讯后赶到派出所并出示孙的身份证，当事警官仍拒绝释放孙。3 月 18 日，孙被作为三无人员送往收容遣送站。当晚，孙因“身体不适”被转往广州市收容人员救护站。3 月 20 日凌晨 1 时多，孙遭同病房的 8 名被收治人员两度轮番殴打，于当日上午 10 时 20 分死亡。救护站死亡证明书上称其死因是“心脏病”。4 月 18 日，中山大学中山医学院法医鉴定中心出具尸检检验鉴定书，结果表明，孙死前72小时曾遭毒打。

4月2日，《南方都市报》以《被收容者孙志刚之死》为题，首次披露了孙志刚惨死事件。次日，全国各大媒体纷纷转载此文，并开始追踪报道。6月5日上午，孙案开庭。6月9日孙案一审判决：主犯乔燕琴被判死刑，李海婴被判死缓，钟辽国被判无期。其他9名被告人也分别被判处3年至15年有期徒刑。同日，孙案涉及的民警、救治站负责人、医生及护士一共6人，以玩忽职守罪分别被判处2～3年的有期徒刑。

孙志刚案件为中国社会在人权保障和执法观念上带来的变化持久而深远。

2003年8月7日，公安部副部长白景富在国务院新闻办召开的新闻发布会上指出，孙志刚案件的处理，是迅速的，是坚决的，也是非常严肃的。公安部部长周永康曾先后作了7次重要批示。该案件之后，取消了收容遣送制度，收容站变成了社会救助站。

2003年8月26日，公安部颁布了《公安机关办理行政案件程序规定》。11月12日，最高人民法院、最高人民检察院、公安部又联合发布通知，共同向全社会宣告：坚持依法办案，正确适用法律，有罪依法追究，无罪坚决放人。除了政法系统，我国行政机关也进一步明确了公民的权利。8月27日，十届全国人大常委会第四次会议表决通过了《行政许可法》，明确规定“公民、法人或者其他组织合法权益因行政机关违法实施行政许可受到损害的，有权依法要求赔偿”。从而制止行政部门滥用“国家”、“政府”的名义侵害公民权益。

2003年6月20日，国务院颁布了《城市生活无着的流浪乞讨人员救助管理办法》8月1日起施行。2003年7月21日，民政部颁布了《城市生活无着的流浪乞讨人员救助管理办法实施细则》8月1日起施行。自2004年5月1日起，施行《中华人民共和国道路交通安全法实施条例》。自2004年3月14日起，施行《中华人民共和国宪法修正案》。这一系列法律、法规的出台，深刻体现了中央人民政府“以人为本”思想的发展。

点评：

2003年3月17日，广州发生了一起大学生孙志刚因无暂住证被收容致死的案件；2003年4月25日记者陈峰、王雷关于“被收容者孙志刚之死”的长篇报道，终于冲破重重阻挠在《南方都市报》上发表了。该案件在引起社会极度关注后，2003年6月20日，国务院颁布了《城市生活无着的流浪乞讨人员救助管理办法》（以下简称《救助管理办法》），并于8月1日起施行。

自1982年5月12日，国务院发布《城市流浪乞讨人员收容遣送办法》（以下简称《收容遣送办法》）到2003年废除，该办法已经实施了21年。当时实行收容遣送制度基于中国“城乡二元制”的社会结构，在当时具有社会福利和综合治理的性质，是“为了救济、教育和安置城市流浪乞讨人员，以维护城市社会秩序和安定团结”。当时的收容遣送对象限于：“①家居农村流入城市乞讨的；②城市居民中流浪街头乞讨的；③其他露宿街头生活无着的。”但是，随着现代化和城市化进程的展开，迁徙自由的呼声日益高涨，户籍制度逐渐松动，收容遣送制度已经变得不合时宜，成为一定意义上强制人身、侵害公民权利甚至成为某些利益集团生财的手段，在实际执行中又扩展到城市里的民工和流浪人员，一些地方甚至将收容遣送制度作为加强城市刚性管理，驱赶外来民工的工具。这些社会弱势群体的人身自由极易受到侵犯，有损法治正义价值，与我国宪法“公民的人身自由不受侵犯”的规定相抵触。今天，依法治国是我们治理国家的一项基本方略。

改革越深入，社会越发展，依法行政的必要性越强，对收容和限制人身自由范围作不适当扩展的越权行为必须予以纠正。即使是出于社会治安综合治理的需要，也应该重新依法制定相关法规，做到依法行政。如果民工在城市中违背了有关法律法规，应当按《刑法》或《治安管理处罚法》的规定进行处理，而不应当用强制的方法将其送回户籍所在地。以行政手段为主导的收容遣送制度，在城市化发展的今天，其“治理功能”越来越弱，相反，却暴露出依附于这个制度上的权力容易被滥用的危险。暂住证和收容都涉及相当大的利益，其中的办证、罚款、放人的牟利特征相当明显。如果存在很大的利益诱惑，制度本身又没有很好的约束机制，必然导致某些警察滥用搜查权和非法限制人身自由的行为。

《收容遣送办法》也违反了《立法法》的有关规定，应予改变或撤销。《立法法》规定，对公民政治权利的剥夺、限制人身自由的强制措施和处罚，只能由法律加以规定。只能由法律规定的事项而法律尚未制定的，全国人大及其常委会有权授权国务院对其中的部分事项先制定行政法规，但是有关犯罪和刑罚、对公民政治权利的剥夺、限制人身自由的强制措施和处罚、司法制度事项除外。《收容遣送办法》作为1982年制订的行政法规，其中有关限制人身自由的内容，与《立法法》相抵触。《立法法》规定，法律的效力高于行政法规、地方性法规、规章。对于“超越权限的”和“下位法违反上位法规定的”法律、行政法规、地方性法规、自治条例和单行条例、规章，由有权机关依照《立法法》第88条规定的权限予以改变或者撤销。可见，《收容遣送办法》属于应予改变或者撤销的行政法规。现届中央人民政府，顺应时代潮流．于2003年6月通过了《救助管理办法》，彻底废止了《收容遣送办法》。这充分体现了我国政府坚持以人为本，坚决依法行政，推进法治国家进程的决心。

法律是有时空要求的，在一定的时空里，如果公民的权利被歪曲、剥夺，合法利益得不到充分的保护，那么这样不公正、违反社会普遍正义的法律就应告退。显然《城市流浪乞讨人员收容遣送办法》与我国《宪法》法所确立的保障人权、有效限制政府权力的原则相悖就应该告退。孙志刚冤以生命为代价，换取对不公正法律的终结，最终导致《城市流浪乞讨人员收容遣送办法》被废除，取而代之的是《城市生活无着的流浪乞讨人员救助管理办法》，这不能不说是法治道路上的一大教训；因孙志刚案件而启动我国违宪审查机制对不公正法律进行纠正的这一先河，不能不说是我国在法治改革道路上的一大进步，这才是科学的、以人为本的思想和态度的具体体现。以上案例过程告诉我们，了解我国《宪法》关于人权的规定，进一步理解我国社会主义法律的内涵和依法行政的基本要求，对于帮助我们学会利用法律以及适用法律来分析、解决社会现实问题和保护自己的合法权益，提高分析问题和解决问题的能力是有着极其重要的意义的。

案例 2

80 后情侣立协议和平分割财产

80 后小情侣和平分手后发现恋爱时一起购买的房产成了“包袱”，为了不伤感情，他们立下“分手协议”。昨日记者获悉，经过一场确权官司，两人顺利分割了房产。

崔建平（化名）和刘丹（化名）都是武汉某重点高校毕业生，上学时两人就成为恋人。2006 年两人毕业后，都在武汉找到了合适的工作，2007 年初，两人决定共同生活。

当年 3 月份，崔建平和女友共同出资 10 万元做首付款，在江岸区购买了一套商品房。一起生活近半年后，崔建平却发现跟女友一起生活并不愉快，两人个性迥异，常为生活琐事闹矛盾。今年初，两人经过协商决定分手。

为了不伤感情的和平分手，两人又共同起草了一份“分手协议”，相互约定由崔建平支付刘丹 5 万元首付款，刘丹自愿放弃房屋所有权。

因为购房合同上签的是两个人的名字，5 月，崔建平和刘丹在律师的建议下打了一场确权官司。在江岸区法院，两人在法官调解下很快达成一致：崔建平取得房产所有权，刘丹将协助他办理房产的相关手续。

点评：

80 后是我国改革开放以来最早成长起来的一代，伴随着祖国的进步与发展，由于受到了良好的教育，他们有热情、有知识、有思想，生活中善于充分利用所学处事，较为上一代少了一些冲动，多了一些冷静和理性，如以上财产纠纷案件处理问题上，就表现出他们能理性地利用法律把伤害降低到最低限度，从而公正合理地、平静地分手的能力。

80后小情侣恋爱时一起共同出资10万元做首付款，在江岸区购买了一套商品房，后因感情不和决定分手。为了不伤感情而和平分手，针对房产所有权问题，两人即共同起草了一份“分手协议”，相互约定由崔建平支付刘丹5万元首付款，刘丹自愿放弃房屋所有权，同时为了防止后续问题的发生，两人在律师的主张下，通过法院充分适用法律，经调解崔建平取得房产所有权，刘丹将协助他办理房产的相关手续。就这样一场看似复杂的矛盾，在法律的帮助下顺利地解决了。该案件说明生活有“道”，分手也应该有“道”。

案例3

刑讯逼出人命，反贪局副局长判无期

江苏省赣榆县人民检察院反贪局刑讯逼供打死供电公司原副经理一案前天一审宣判，判处反贪局原副局长无期徒刑，另两位主要参与者分别被判有期徒刑15年和10年。反贪局原局长被判处犯伪证罪获刑7年。听到宣判结果后，死者妻子则当庭失声痛哭，认为判决过轻，请求南京市检察院抗诉。

梁继平是被打死的

2009年5月28日下午，赣榆县检察院两名工作人员来到连云港市供电公司，要找梁继平，谈其在赣榆县任职期间的经济问题。之前，梁继平在赣榆县供电公司做了近6年的副经理。梁继平被带走后，他的爱人王云娣拼命打丈夫手机，想问问究竟是怎么回事，可一直关机。6月1日，王云娣才确定丈夫在赣榆县检察院，但随之传来了丈夫死亡的噩耗。

在赣榆县南郊宾馆，赣榆县检察院王副检察长和公安局徐希恩副局长宣布梁继平因心脏病突发猝死。对于这个死亡原因，家属愤怒了。

梁卫平提出要看弟弟的尸体，可王副检察长不同意，双方一直僵持到第二天下午，官方才同意家属看尸体。王云娣发现：梁继平伤痕累累，大腿全是淤血、头发上血迹斑斑……

王云娣及亲属们认定“梁继平是被打死的”。6月4日，江苏省公安厅的法医专家来到赣榆，做了尸体解剖。7月2日，江苏省公安厅请来了公安部特邀刑侦专家陈世贤、王德明等做补充鉴定。两天之后，法医鉴定结果出来了：梁继平因钝性外力多次作用，造成大面积软组织挫伤，导致创伤性休克死亡。

谁讲真相我杀他全家

梁继平死亡之后，6月2日，赣榆县政法委副书记王召涛宣布成立“五人协调小组”处理此事。由于上级机关未及时介入，赣榆县检察院有了集体串供、伪造和销毁证据的时间。

反贪局原局长高家锦6月5日上午召集参与审讯人员开会，提出“可设计因制止梁继平逃跑、自杀而发生两次身体接触”的方案。高家锦在停职之前，多次组织所有审讯人员到赣榆县检察院反贪局会议室统一口径，并多次威胁上述人员不得透露事实真相，说了“如果谁先讲出来，都把责任推到他头上”、“谁要是讲了真相我要杀他全家”、“你们谁把我出卖了，找黑社会也把你办了”之类的话。

6月19日，王云娣写了一篇《写给我亲爱的丈夫的一封信》，里面提到了怀疑丈夫被检察院打死的情况，随后又贴出了丈夫尸体的照片。中央和省里有关领导随即作了批示，江苏省人民检察院，7月2日指定南京市检察院查办此案。

80小时连遭20种体罚

在一份编号为（2008）宁刑初字第15号的《江苏省南京市中级人民法院刑事判决书》中，清晰地展现出梁生前最后八十多个小时的轨迹。这80小时里，梁继平不停地被反贪局官员折磨了80个小时，不准睡觉，遭受了20余种的体罚，最终倒在了地上。

5月28日晚，赣榆县检察院反贪局以涉嫌受贿为由，传唤梁继平至赣榆县检察院接受调查。

5月29日上午，梁继平被带至县教育宾馆。

5月30日下午，反贪局局长高家锦到秦山岛旅游接待站，把里面的一个房间布置成审讯室，随后把梁继平带到此处。

梁继平被检察院控制之后，审讯一刻未停。高家锦把9名工作人员分成三个审讯小组，轮番上阵。南京市检察院调查发现，这三个小组，在审讯期间要求梁继平举手、抱头、端水盆或沙盆、蹲下起立、仰卧起坐、在地上打滚，其间梁继平还被捆双脚、掀大腿，还有审讯人员用鞋打梁继平的耳光，用脚踩大腿。

被折磨了三天四夜之后，6月1日凌晨，身高1.8m、重90kg的梁继平在地上已经坐不住了，审讯人员仍不让他睡觉。直到上午7时30分，审讯小组交班时，才发现梁快死了。上午10时41分，梁继平被宣告死亡。

点评：

乱施法者戒。

1. 平等司法原则

我国一九五四年《宪法》明确规定了“中华人民共和国公民在法律上一律平等”的施法原则。随着我国法律制度的逐渐健全，在由法制国家向法治国家进程的推进过程中，我国当代的司法原则也逐趋完善为独立司法原则、平等司法原则、依法司法原则、责任司法原则四项基本司法原则。平等司法原则也即公民在法律面前一律平等。

2. 平等司法原则的立法渊源

早在一九五四年，我国第一部《宪法》就明确规定：“中华人民共和国公民在法律上一律平等”，在随后颁布的《人民法院组织法》、《刑事诉讼法》等法律中，又重新对此原则进行了重申，从而确立了这一司法原则。

3. 平等司法原则的真正含义

（1）平等司法原则仅指公民在适用法律上的平等，并不包括公民在立法上的平等，因为立法是统治阶级意志的表现，如果规定全体公民在立法上平等，那么，由于公民之间利益的复杂性和不可统一性，因此，根本无法实现立法上的统一。

（2）公民在适用法律上的平等包括：其一、司法机关在适用法律时应一视同仁，不能因人而异；其二、司法机关在适用法律时应贯彻执行权利与义务相统一的原则，如果仅强调权利或义务上的平等，而不综合起来适用，必然造成事实上的不平等；其三、应彻底清除封建等级特权制度对司法工作人员的影响，由于我国长期处于封建主义统治之中，一些封建思想已经根深蒂固，如果让封建思想作祟，允许封建等级特权思想存在，这必然会使司法工作人员在适用法律时等级有别，无法实现平等司法原则。

该案件——原连云港市供电局副局长梁继平之死，不能不说是施法不当、滥用法律的典型案例。用法律维护社会一切组织和公民个人的利益，既是社会一切组织和公民个人的权利和权力，也是特殊行业（司法部门）的权利和权力，况且我国《宪法》、《人民法院组织法》、《刑事诉讼法》等法律以作明确规定："中华人民共和国公民在法律上一律平等"，因此任何人都不得越规，任何人都不得擅用国家和人民给予的权利和权力对他人施恶，任何人都无权随意剥夺他人的生命，即使是犯罪分子，只有适用法律才是公正手段。法律是公正、正义的象征，可想而知，如果法律可以随意被玩弄，那么社会还有什么公正可言，人还有什么尊严可言，法律还有什么存在的必要。但现实是社会还是一定要讲公正，人还是一定要讲尊严，法律还是一定要存在的。

案例4

供电公司指定购买电表构成不正当竞争

2003年底，赛恩（天津）新技术有限公司以不正当竞争将中国华北电力集团公司北京供电公司起诉至北京市第一中级人民法院。经法院审理查明，1999、2000年，北京市朝阳区在进行农网一期改造过程中，天津赛恩公司曾分别与北京朝阳区小红门乡电管站、王四营电管站、高碑店电管站、十八里店电管站、双桥电管站签订过电表的购销合同。2002年11月，北京市供电公司下属的朝阳供电分公司以北京朝阳供电公司的名义下发了“京供朝阳[2002]24号文件”，明确限令所属供电所只能购买由其指定的厂家的表具。后北京市供电公司朝阳供电分公司下属的十八里店供电所、王四营供电所、小红门供电所向天津赛恩公司出具公函；声明其隶属于朝阳供电公司，按照其要求，二期农网改造工程只能使用供电公司指定的产品，不能向天津赛恩公司购买产品。

天津赛恩公司认为，北京市供电公司的行为是典型的公用企业限制竞争行为，客观导致了与天津赛恩公司有合作关系的五个供电所只能与其终止合同，给天津赛恩公司造成了经济损失。故天津赛恩公司向法院起诉，请求法院判令北京市供电公司停止不正当竞争行为，并赔偿天津赛恩公司损失2000元。

一中院经审理，认为，农网二期改造所需电能表系由农民自行购买，故农民个人应是采购电能表的主体，其有权选择购买电表。朝阳供电分公司要求其所属各供电所购买指定厂家的产品，实际上是行使了农民购买电能表的权利。

据此，一中院以朝阳供电分公司下发“京供朝阳［2002］24号文件”的行为限制了其他经营者的公平竞争的权利为由，判定北京市供电公司的行为构成了不正当竞争。但是，因天津赛恩公司没有向法院提交证据，证明其已就二期农网改造用表与朝阳供电分公司的任何下属供电所签订过购销合同，不能证明因朝阳供电分公司下发“京供朝阳［2002］24号文件”的行为给其造成了实际经济损失，法院对天津赛恩公司的赔偿请求未予支持。一中院判令被告北京市供电公司立即停止不正当竞争行为。

北京市供电公司不服一审判决，上诉至北京市高级人民法院。2004年5月27日，北京市高院作出维持原判的终审判决。

判决生效后，北京市供电公司未履行判决规定的义务，赛恩公司向一中院申请强制执行，要求撤销24号文件，并支付该执行案件受理费一千元。立案后，一中院执行法官向北京市供电公司做工作，要求其立即履行义务。北京市供电公司履行了原告赛恩公司的全部请求，此案得以圆满执结。

点评：

竞争是市场经济的产物。竞争是两个或两个以上的企业在特定的市场上通过提供同类似的商品或劳务，为争夺市场地位或顾客而作的较量，并产生优胜劣汰的结果。竞争中的违法亦是不正当竞争，即竞争者企业通过规避法律或直接违法的不正当商业行为来获取高额的违法所得，以满足自己无限的利益欲。社会主义市场经济是有序经济、法制经济，坚决反对不正当竞争行为。为此，国家专门颁布了反不正当竞争法。由于我国社会主义市场经济是由社会主义计划经济过渡而来，且时间很短，适应社会主义市场经济体制的法律有待于进一步建立健全。一些具有独占优势地位的公用企业，如供水、供电、供煤、供气、邮政、电讯等涉及公用事业的经营单位常滥用权力，限制竞争。这些公用企业无论主观上对限制竞争行为的认识如何，其客观上都是扰乱社会主义市场经济秩序的行为。为禁止公用企业限制竞争行为，我国反不正当竞争法第六条规定：公用企业或者其他依法具有独占地位的经营者，不得限定他人购买其指定的经营者的商品，以排挤其他经营者的公平竞争；第二十三条还规定了相应的处理措施。同时，中华人民共和国工商行政管理局发布了《关于禁止公用企业限制竞争行为的若干规定》，使制止公用企业滥用独占地位限制竞争行为的规范进一步具体化。

公用企业限制竞争行为，是不正当竞争行为，

本案被告北京市供电公司，利用其独占优势，采用强迫手段限制天津赛恩公司与五个供电所的合作资格，已构成事实上限制企业公平竞争的行为，属不正当竞争行为，违反了反不正当竞争法第六条的规定，应受查处。

案例 5

用人单位能向劳动者收取押金吗?

劳动者在与用人单位建立劳动关系时，一些用人单位往往要求劳动者缴纳务工保证金。这种行为是否符合法律的规定呢?

案情：被告油米厂原系国营单位，并于 1998 年进行了改制。原告王某在 1979 年就到油米厂工作，在油米厂改制后，王某继续在此工作，并担任了副厂长职务，但是双方之间没有订立书面劳动。2003 年 8 月 6 日，油米厂向王某发出书面通知，要求其向单位缴纳务工保证金 5000 元，否则从次日起停止其分管工作，厂部不再考勤。此后，因王某未能缴纳务工保证金而被油米厂停止分管工作。自 2003 年 9 月起，王某未再上班，油米厂也未支付王某 2003 年 7 月和 8 月份的工资共 1170 元，也未给付自 2003 年 9 月至 2004 年 11 月份的生活费。根据有关规定，从 1999 年 7 月 1 日起，海安县县属以上企业下岗职工基本生活费发放标准，在原标准基础上提高 30%，即从每人每月 80 元提高到每人每月 104 元。为此，2004 年 10 月，王某向海安县劳动争议仲裁委员会申请仲裁，要求油米厂给付工资及生活费。11 月 19 日，仲裁委员会裁决油米厂给付王某工资 1170 元及生活费 1456 元。油米厂对此裁决不服，向海安县人民法院提起诉讼。

庭审中，原告油米厂诉称：王某是改制前的油米厂职工。1998 年，原油米厂改制为股份制企业。王某虽然在我厂上班，但其与原油米厂未解除劳动合同。2003 年 9 月，王某不再到我厂上班，一直在家休息。现请求法院驳回王某要求我厂支付其 2003 年 9 月至 2004 年 11 月的生活费 1456 元的请求，并负担本案诉讼费用。被告王某辩称：原油米厂改制时，我与原企业 5 名职工合股购买了原油米厂部分资产，并吸收了 12 名职工。我与油米厂虽未订立书面劳动合同，但存在事实上的劳动关系。2003 年 8 月 6 日，油米厂通知我在当日下午 6 时前缴纳 5000 元务工保证金，否则停止所分管的工作，厂部不再考勤。由于我未缴纳务工保证金，油米厂停止了我的分管工作，没有为我考勤。现要求油米厂给付拖欠的 2003 年 7 月和 8 月份的工资 1170 元，给付 2003 年 9 月至 2004 年 11 月份的生活费 1456 元。

被告王某为证明其与油米厂之间存在劳动合同关系，在举证期限内向本院提供了 2003 年 8 月 6 日油米厂向其发放要求其缴纳务工保证金的通知及 1999 年 1 月 14 日油米厂安全生产通知，2003 年 3 月 7 日双方订立的个人安全生产保证书，用来证明双方之间存在劳动合同关系，同时证明自 8 月 7 日起，油米厂停止其分管的工作，厂部不再为其考勤。而油米厂则提供了 2003 年 6 月 28 日原油米厂与王某解除劳动合同的书面材料，以证明油米厂与王某之间不存在劳动合同关系，而与原油米厂之间存在劳动合同关系。王某对此质证认为，该解除劳动合同书未向其送达，油米厂也未能举证证明该书面材料已向王某送达。

裁判要点：海安县法院经审理后认为，油米厂与王某之间虽未订立书面劳动合同，但双方之间形成了事实上的劳动关系，双方的合法权益应受法律保护。劳动者提供了正常劳动，应享有获得劳动报酬的权利，作为用人单位不得克扣或者无故拖欠劳动者的工资。王某与油米厂形成事实劳动关系后，为油米厂提供劳动至 2003 年 8 月，油米厂应当支付拖欠工资。油米厂以王某未缴纳务工保证金为由停止其工作，导致王某无法提供正常劳动，作为用人单位油米厂的做法有违劳动法及相关行政法规和规章的规定，油米厂应当依法向王某支付基本生活费。据此，法院遂依照我国《劳动法》的有关规定，一审判决被告油米厂向原告王某支付拖欠的工资 1170 元及生活费 1456 元。

点评：

本案中有两个问题值得关注：一是原、被告之间是否存在劳动合同关系；二是用人单位能否以劳动者不缴纳务工保证金为由停止其工作。

存在劳动合同关系是用人单位向劳动者支付工资的前提条件。最高人民法院《关于民事诉讼证据的若干规定》第 5 条第 1 款规定：“在合同纠纷案件中，主张合同关系成立并生效的一方当事人对合同订立和生效的事实承担举证责任，主张合同关系变更、解除、终止、撤销的一方当事人对引起合同关系变动的事实承担举证责任。”因此，本案中，被告王某应当就其与原告油米厂之间存在劳动关系举证。从案情看，王某与油米厂之间没有订立书面合同，但从其提交的“个人安全生产保证书”以及油米厂向其发出的缴款通知书等材料中可以看出，双方之间已经形成了事实劳动关系。如果油米厂对此予以否认，应当提交相应的证据。显然，油米厂没有按规定提交证据，应当认定双方之间形成劳动关系。

我国《劳动法》第 17 条规定："订立和变更劳动合同，应当遵循平等自愿、协商一致的原则，不得违反法律、行政法规的规定。"因此，在订立劳动合同的过程中，任何一方不得向对方强行附加不合理的或者违反法律规定的条件。原劳动部《关于贯彻执行〈中华人民共和国劳动法〉若干问题的意见》（劳部发［1995］309 号）第 24 条也明确规定："用人单位在与劳动者订立劳动合同时，不得以任何形式向劳动者收取定金、保证金（物）或抵押金（物）。"1995 年 7 月 3 日，原劳动部办公厅、国家经贸委办公厅在联合答复吉林省劳动厅《关于用人单位要求在职职工交纳抵押性钱款或股金的做法应否制止的请示》（劳办发［1995］150 号）中明确指出，对用人单位向职工收取"劳动保证金"等行为应予以制止。由此可见，油米厂要求王某缴纳务工保证金的行为是违法的，是没有法律依据的，其应当按照有关规定向王某支付拖欠的工资及生活费。

案例 6

学生实习期间受伤算不算工伤？

案情介绍：金某是信息工程学校的在册学生，2000 年 7 月由该学校组织，不满 18 周岁的金某参加毕业前的实习，实习单位是广州大厦酒店有限公司。按照多年的惯例，校方仅是与广州大厦口头说一下，即让学生参加实习了，双方对学生实习期间的管理及权利义务未作明确的界定。7月16日早晨，金某在加工面粉过程中，因操作不慎，右前臂被机器缠绞轧伤，经诊断为“右前臂旋转撕脱离断伤”，共花去医药费4.14余万元。

基本丧失右手功能的金某正值豆蔻年华，她要为自己讨个说法，于是将信息工程学校和广州大厦告上法庭，索赔14万余元，其中精神损失费2万元。

点评：

法院认为，实习的在校学生并不能算是劳动法意义上的劳动者，实习学生的工伤不属《工伤保险条例》调整范围。因为相关法律法规对劳动者的年龄、学历、是否纳入就业保障范围都做了明确的规定，而在校学生并不具备这些“劳动者的条件”。因此学生与使用单位形成的关系不是劳动关系，而是劳务关系。劳务合同纠纷不适用劳动法调整，而应直接适用《民法通则》等民事法律来调整。金某应遵守学校有关实习的规定，亦应遵守实习单位有关安全操作的规程。她所受的损害是由于自己在实习操作中的失误所引起，应由其监护人承担相应的责任。信息工程学校与广州大厦在金某的损害事故中存在疏于管理的责任，未能妥善落实对她在实习期间的管理，任由未满18岁的金某独自一个人操作，而发生事故，也应担负起相应的责任，法院为此判决信息工程学校和广州大厦各赔偿金某31105元。

每年的暑寒假期，大中专院校的学生到企事业单位实习，通常情况下是校方领导或熟人给企事业单位的领导口头上打个招呼，就让学生实习了，双方对学生实习期间的管理及权利义务没有作明确的界定，而一旦发生工伤或事故，解决起来相当棘手，因此，以上案件的判决对发生这类纠纷有警示作用。校方和实习单位应对实习生明确实习期间的管理及权利义务，以防患于未然。

以上案例告诉我们，现实生活中的一切组织和个人都必须依法承担并履行法律义务，但同时也可以依法享有并行使法律的权利，从而真正做到有效地利用法律来维护其应有的权利和权力。

护　法

护法指社会一切组织和公民个人在尊重、遵守法律的基础上，为保护和维持法律威严，打击一切无视和蔑视法律的各种违法犯罪的正义、正气行为和意志表现。

当今时代，因其种种原因，很多人怀疑法律的真正作用，尽管如此，可法律还是有着它自己独特的作用和意义。法律的作用和意义具体说来有如下几个方面。

秩序方面，法律在构建社会秩序中起着主要作用。法律的形成保证着人类的生存，保证着社会的发展。法律是国家意志的表现，在现代社会，在人们对自身理性能力的确信的基础上，国家意志在秩序的形成中具有重大的作用。

自由方面，法律提供给个人选择的机会。法律明确行为模式，让行为人选择有利于自己的模式。另外，法律将个人自由赋予法律的形式，成为法律权利，使自由得到国家强制力的保护。最后，法律通过划定自由的界限，为普遍自由的实现提供前提。法律即使限制自由也是为了每个人更好地实现自由。

正义方面，正义是法律的理想或价值目标。法律通过分配权利义务，惩罚违法犯罪以保障正义，补偿受害者以恢复正义。

效率方面，在当今，法律对生活的渗透无所不在，这使得法律的效率意义更加重要。在提倡兼顾平等与效率的同时，法律最大限度地保障了效率的实现。

利益方面，法律确认利益，通过法律条例进行社会控制，如解决社会纠纷，平息社会矛盾，恢复社会常态，促进社会发展。

以上作用不妨看出，人类道德的增进，和谐社会环境的构建，都与法律紧密相连，要知道如果没有对法律的尊重以及对法律威严的维护，这一切都是不可能的。这些正是我们为什么要学法、守法、用法的原因之所在，也正是我们为什么要护法的原因之所在。

现实生活中似乎很多人只在乎自身利益，并获得自身利益，认为只要不违法，一切与我无关，然而表面上看起来这些与法律无关，其实须不知，你就是法律的事实受惠者，你也是一个守法、护法者。在和平环境里，法律的作用是巨大的，我们每时每刻自觉和不自觉地依法行事，这是我们的义务和责任，在遵守法律的基础上，我们有义务和责任保护和维持法律的尊严和威严，我们要敢于同一切无视和蔑视法律的各种违法犯罪行为作斗争，要讲正义、树正气，以促进我国法治建设的进步和完善。

在这方面人民的好卫士任长霞是我们学习的好榜样。

案例 1

护法使者河南女警官任长霞

任长霞，女，祖籍河南省睢县，1964 年 2 月 8 日生于郑州，生前任河南省登封市公安局党委书记、局长，一级警督警衔；是全国“五一”劳动奖章获得者、中国十大女杰、全国三八红旗手、全国青年岗位能手、全国优秀人民警察。

任长霞1983年10月从河南省人民警察学校毕业后分配到郑州市公安局中原分局工作，她自1983年加入公安队伍，作预审工作13年，由于成绩突出，期间光荣加入中国共产党。

1992年11月，任长霞参加郑州市公安系统和政法系统岗位练兵大比武，比武中力克群雄，双双夺冠。

1994年11月，又在全省预审岗位练兵大比武中，夺得第一名。办案实践中，任长霞更注重探索和积累办案经验，提高审讯技巧。凭着自己娴熟的预审技能，顽强的工作作风，她直接审理了各类刑事案件1072起，追捕逃犯950人，在河南省预审战线上创造出了无人比拟的业绩。

1998年，任长霞被提拔为郑州市公安局技侦支队支队长。她带领支队民警在短短2年的时间里，跑遍了全国20多个省、市，破获了近300余起抢劫、杀人等重特大案件，抓获了350多名犯罪嫌疑人。

2001年4月，任长霞走进了登封，成了登封历史上第一位女公安局局长。任长霞用她的“敬业、爱民、忠诚、奉献”的崇高品德和伟大人格，撑起了登封一片晴朗的天空！

任长霞常说：“作为一名领导干部，要事事、处处、时时以个人的人格力量去教育大家，感化大家，激励大家”。作为一位公安局长，任长霞无疑面临着钱、权、法的考验。自入警以来，她从事的都是有一定权力的工作，总是有人通过直接、间接的关系来靠近她，给她送去金钱、物品，但都被她婉言拒绝。

作为一名女公安局长，任长霞集刑警的威严和女性的温柔于一身，尤其对被人们视为弱势群体的妇女、儿童，她更是事必躬亲、关怀备至。为最大限度地保护妇女儿童的合法权益，她先后组织开通了“110”反家庭暴力服务台、设立了妇女维权示范中队、成立了多警种联动、相互协作、共同作战，全方位、多层次、多渠道的快速反应机制。一年多来共接警470多起，处理刑事案件175起，逮捕96人。

2001年5月3日，登封市大冶镇西施村煤矿发生特大瓦斯爆炸事故，13名矿工遇难。任长霞在处理这起事故中，得知11岁的女孩刘春玉的父亲遇难，母亲也因心脏病突发去世，刘成了一名孤儿，她便毫不犹豫地承担了小春玉生活和学习的全部费用。小春玉对记者说：“任妈妈让我重新得到了母爱，我为有这样的好妈妈感到骄傲！”

为了使更多的孩子得到救助，2002年1月，任长霞向民警发出倡议，在全局开展了“百名民警救助百名贫困学生”活动。目前全市有126名贫困学生得到了救助，重新回到了课堂。孩子们都亲切地称任长霞“任妈妈”。

由于许多大案要案的久积难破，登封警察的行风历年来在民意调查中一直处于倒数第一。任长霞上任后，一边紧锣密鼓破案，一边“抓警风，严警纪，树形象”。任长霞铁面无私，先后开除了15名违纪警察。15名数字不算大，可这里面包含着多少个斗争多少次较量啊：求情的，送礼的，施压的，威胁恫吓的，软硬兼施的，任长霞没有妥协没有退缩，她心里装着的只有“人民公安”四个大字。

为了彻底扭转警察在人民心目中的形象，任长霞经常夜半人静，驱车到各乡镇派出所查岗，盯着表报案，看闻警后派出所的动静。如不作为，她就坚决追究所长责任，严重的撤职查办，毫不留情。

任长霞刚上任不久的一个深夜，她扮成农村妇女在某派出所报案，可值班警察不让她进，她说我有重要案情向所长反映，那警察说："所长是你想见就见的吗?"她说案情紧要你们也不管吗？那警察说："半夜三更的，往哪儿叫人去为你办案?"她看没有办法，让那警察把所长电话告诉她。那警察火了：所长的电话是你想知道就知道的吗？就这样，任长霞被那位警察"哄"（赶）了出来。那一刻，任长霞心在滴血，这样的态度、这样的作风，这哪里是人民的警察！这分明是人民的老爷！她当即给该所所长打电话，让其立即赶到，对那位警察给予了严肃处理。

常听民警们这样说：那段时间，只要一听是女的报警，谁也不敢怠慢。时间一长，全局上下都认识了任长霞，熟悉了她的声音。任长霞为了查看警风是否真正扭转，还常让一些群众替她报警。现在，登封的警察真正做到了"闻警即动""动有成效"。

徐庄乡郑庄检查站是登封与禹州的交界边缘，有的警察利用车辆出境后没有凭证这一"优势"对超载车辆罚款不开票。任长霞得知情况后，非常重视。她为了掌握第一手材料，想乘拉煤车侦察。司机开初不相信，害怕一旦打不住蛇反被蛇咬，推脱说：算了算了，天塌高个子顶着，我们谢谢你的好意。任长霞只好亮明自己是登封市公安局局长的身份。司机很感动，马上让她坐进驾驶室，可驾驶室只能坐一个“压车夫人”，任长霞就让司机的妻子坐到后边自己的车上。任长霞怕自己不像“拉煤的”，顺手往车门上抹了把煤粉擦到脸上，对着倒车镜看看，才往前走。果然，查超吨的两位警察公开说：“开票了罚款 160 元，不开票 80 元。”任长霞帮司机求情说：大热天，我们出门挣个钱不容易，不开票 50 中不中？那两个警察说：少一分也不行。任长霞指指后面那辆车，说是一块儿的，两辆车掏 150 元吧。谁知少 10 元也不行。任长霞从自己腰包里掏出 160 元，那一刻，任长霞两眼含满了辛酸的泪水。任长霞哭了，她在为警察而哭啊，她在为人民而哭啊。任长霞弄不明白，为什么那么多人争着干警察，为什么那多么人跑官买官。

此后的日子里，任长霞常常与其他副职一起，夜半去郑庄、颍阳等边远站暗查暗访。检查站有明亮的灯光，他们就躲在百米外的暗处。朋友们，有这样对工作认真负责、兢兢业业、一丝不苟的带头人，登封的警风警纪咋会扭转不过来呢？

听一位在检察院任职的老伯告诉我：检察院的职责，就是一只眼睛盯着司法，一只眼睛盯着公安，谁违法乱纪就收拾谁。他说任长霞没来之前，哪一年不处理几个违纪的警察，可任长霞来后这三年间，她从严治警，一个也没有抓住过。那位老伯语重心长地对警察们说：你们不要抱怨任局长对你们管得太严，那是你们警察的福啊！

任长霞常说：“己不正不能正人，心不公岂能为公”，“公安公安，心中只有公，人民才能安。警察的面前为什么要加人民二字呢？就是让你牢记自己是人民的警察，人民的警察就要为人民办实事、办好事，一切为了让人民满意！”

让人民满意，这就是任长霞钳在登封公安肩上的责任；这就是任长霞刻在登封警察心上的嘱托；让人民满意，这是任长霞给62万登封人民的至高承诺！

为了破获横行在石道、君安、颍阳等乡镇近20万群众之间的砍刀帮，任长霞多次扮成收兔毛的妇女，掂着秤杆，背着口袋，与群众拉家常，想从中了解砍刀帮的罪行。谁知群众提都不敢提砍刀帮，有位七十多岁的老大娘看看左右没人，好心告诉好：闺女，你是外来的，你可不敢随便乱说，防着吃大亏，那些人凶得很啊。直到砍刀帮被破获，大家才知道那个收兔毛的妇女就是登封市公安局局长。在君安召开公审大会那天，成千上万名群众挤过去、拥过去，争着要握握任长霞的手，争着要给任局长说句话，他们高声地喊着：人民警察万岁！朋友们：这是人民群众真真切切发自肺腑的声音啊！

任长霞是个女人，她懂得怎样去体贴百姓，于是，她一天接待过124个上访群众；她为了不让百姓心寒和久等，宁可自己一天只啃半个烧饼，直到深夜十一点多钟送走最后一位上访人。

她懂得用爱心去善待群众，她从不嫌群众的手脏，她与上访的群众一一握手、让座，倒茶……，她在接待室的墙壁上悬挂着“同志，莫生气，慢慢说”“同志，您请坐”的牌子，别小看了两个牌子，它是任长霞亲民爱民一颗心的体现，一位上访群众说：“看着这个牌子，我们心里就像听到了任局长的问候，心里感到无比亲切、温暖。”2001年7月19日，她从上午8时开始，一直接访到晚上11时，一天和124人苦口婆心地交谈，嗓子说哑了，脸皮麻木了，坐得腰酸腿痛。同志们劝她说：“局长，你就是一尊金刚也得歇歇啊！”她却说：“群众跑了几十里地来了，让他们走我忍心呀！”

有一次还是她的接待日，面对200多名上访群众，她只好把他们全都集中到局五楼的大会议室。想到群众的期望，民警们的辛苦，破案的难处，她控制不住自己的感情，眼泪潸潸而下。将心比心，群众也哭了，整个会议室一片哭声。许久之后，群众哽咽着对她说：任局长你太累了，民警们也太辛苦了，以后我们没有什么大事，就不麻烦你了，和你见见面，说说话，我们就心满意足了。

2000年11月份，白坪一伙盗牛团伙被打掉，群众给任长霞写了这样一封信：“任局长，给您写信的时候，屋里坐了好多人，乡下穷，没有纸，我们跑到电管所借了几张纸和笔，大家七嘴八舌都争着想给你说几句知心话。您领了好几百人，一定要注意身体，早晚下乡，路过咱白坪，到家门口别不打招呼。您进家来坐坐，烤烤火，喝杯热茶，听乡亲们说几句掏心窝子的话。任局长，乡亲们心里想着您啊！”

东金店一位退休老教师，编了一副“功高与天比，爱民世无双”，横批为“长霞局长”的春联牢牢张贴在自家门上。

2003年4月10日上午，群众放着鞭炮，吹着唢呐，要在嵩山广场上为任长霞立“功德碑”，碑的正面镌刻着

“有为而威邪恶畏，为民得民万民颂。”任长霞闻讯赶到广场，她向前来立碑群众“求情”，她说，我只是尽了我应该尽的责任，功劳应归于全体民警，碑不能立。后来群众要求要么把碑立在公安局大门口，她还是不让。最后有群众提议：咱干脆把石碑送到郑州市公安局，看为啥不让咱立碑！她看拗不过，只好同意让群众把碑立在公安局后院东侧不显眼的地方。石碑刚立好，送走立碑群众，任长霞即命令行政科把碑拆除了。后来当群众发现“功德碑”被“隐藏”起来，动情地说：任局长虽然把石碑拆掉了，可她拆不掉立在人民心中的“碑”。

任长霞是个女人，警察们说，每遇案情，她总是第一个赶赴现场。在侦破徐庄乡“12·11”杀人案的几天几夜里，她脸几天没顾上洗，头发几天没顾上梳，衣服几天没脱过一次，脖子里汗水冲出的灰道道让同事们心疼。为了提神，她一支接一支抽烟，苦辣的烟味呛得她不住咳嗽，面色憔悴。连查办科的小吴都不理解：任局长的裤腿上，咋会经常带有田野里的灰蒿针呢；她有车坐，可皮鞋跟老是被磕得露着鞋里子。一次高烧，任长霞躺在病床上输液，一只胳膊扎着针管，她让小吴把当天的群众来信拿给她，用另一只手去翻阅，并让小吴替她签署处理意见。

任长霞是个女人，当她看到大冶矿难事故中，失去父母的小春雨失声痛哭亲人的时候，她流下了一个慈母的泪，她毅然认下了这个孤儿，并经常到学校或家中看望小春雨，把买的新衣服亲自给小春雨穿上。在她的带动和倡议下，全局126名干警救助了126名失学儿童，她把自己当选全国十大女杰上级奖励的三万元全部捐赠给了30名特困儿童，五一节期间，她又倡议民警前往78所学校为救助学生送去了学习用具，六一节又组织被救助学生们到郑州市科技馆参观学习，让孩子们度过了一个终生难忘的节日，孩子们都亲切地叫她“任妈妈”。

任长霞是个女人，没一点当官的架子，不仅向群众公开自己的电话、手机，还处处为妇女儿童这些弱势群体着想。先后成立了“反家庭暴力110报案中心”和“妇女儿童维权示范岗”。任长霞与所有女人一样，热爱祖国，热爱生活。在中央电视台东方时空记者采访她的时候，她问女记者带没带口红，她想化一下妆；在2002和2003年三八妇女节妇联组织的文艺晚上，她非常认真、自觉地与妇女干部们一起排练节目，交谈感想和感受，更难忘她给大家介绍模特步时，她扭动着腰肢和臀部给姐妹们表演的可亲可爱。她说：由于职业的不同和要求，她平时购买的这些自己喜爱的衣服很少穿，只能偶尔打开衣柜短暂欣赏，你们喜欢那件就拿那件，千万别见外，辜负了这些漂亮的衣裳啊。任长霞就是这样真实，这样平易近人、可爱可敬。两年的三八妇女节，都是在就要上场演出的时候，她突然接到紧急任务，连妆都来不及卸就匆匆离去。

也许在许多人眼里，任长霞只是一个冷漠无情的公安局长，但她首先是一个女人，她说，在她的内心深处，无时无刻不在涌动着几乎所有女人都有的那种亲情和母爱，只是她无法给她的家人。

任长霞也有自己幸福的家庭。但她为了登封62万人民的安全，顾了大家“冷落”了小家。她平时太忙，忙得连给独生儿子通话的机会都很少很少。她的独生儿子毛毛才刚刚十七岁，十七岁的孩子正是需要妈妈的时候呵，需要妈妈的亲情，需要妈妈的呵护，需要妈妈的关爱，需要妈妈的叮嘱。十七岁的孩子需要妈妈的太多太多了，可儿子每年的生日，她一次都没为他过过；打球踢坏的运动鞋，她一次都没为他修过；学校每年召开的家长会，也没有去过。

孩子太想妈妈了，在一个星期五晚上，孩子瞒着父亲，从郑州骑自行车到登封来看他。郑州到登封七八十公里，孩子蹬啊蹬啊，蹬了两三个小时，好不容易到了新密市，路太黑，车子翻进了边沟，腿蹭得流着血，车子的轮胎也爆了，孩子口袋里没装钱，坐在路边又疼又饿的哭，也不知哭了多长时间，巡逻的警察看见了，问孩子，孩子说：他妈妈是登封市公安局局长。他们将毛毛送到任长霞的身边，母子俩抱头痛哭呵。

去年，毛毛有病要做手术，想让她回去。她正破案，太忙，回不去。孩子害怕手术刀，打电话想让她安慰几句，她的电话却一直占线。孩子紧张得咬着毛巾走上了手术台，吓的通身是汗，毛巾都被咬破了，当她得知孩子从手术台上下来的时候，孩子在电话那头哭了，她在电话这头哭了。

任长霞把一颗心都交给了登封，交给了她热爱的公安事业，而她欠下孩子的却太多太多，就在她牺牲的前几天，毛毛在电话里约她，让有空陪陪他。孩子说，别的同学们每到星期天或节假日，都有父母陪着逛，逛商店，游公园，坐碰碰车，乘航天飞船，可没人陪她的毛毛。她给毛毛说：孩子，等妈妈闲了，一定陪你玩。可如今她却走了，她这一走，让孩子往哪儿去寻找他的母亲，寻找他的亲妈呢？

那天，老母亲从睢县老家来看她，她正忙着破案子，竟没空陪老人家看看少林寺，转转中岳庙，找个同志陪陪也好，可她没有，同志们与她一样，都太忙了。她知道，只有她们的匆忙，才能换得人民的康宁：只有她们的辛苦，才能换来人民的甘甜。可母亲已是鬓发斑白的母亲，母亲已是步履蹒跚的母亲，母亲的背已经驼了，母亲不怪她不怨她，就那样，母亲含着满眼的热泪走了，母亲揣着满怀的心酸走了。她连送送母亲的功夫也没有啊，她默默地、默默地向母亲表示深深的歉疚。当我听到这个消息的时候，我的心都在颤抖，我含着眼泪在心里说：长霞，那不是你个人的歉疚哇，那是整个登封 62 万人民对一位母亲的歉疚啊！

然而，在 2004 年 4 月 14 日晚 8 时 40 分，40 岁正是人生最壮美的季节的任长霞，却猝然倒在了为之奋斗不息的公安事业上。当晚侦破“1・30”案件中途经郑少高速公路发生车祸，因受重伤随即被送往郑州市中心医院抢救，经过 4 个小时紧急抢救，终因伤势过重，不幸因公殉职。

任长霞火化那天，十里长少林大道黑压压全是送行的人，没有人组织，没有人号召，也没有人动员，人们全部是自发的从四面八方赶来，从长夜伫立到天明。他们都想最后再看一眼老任，都想给老任再说句话。这是人民给老任最高的荣誉啊，这荣誉只有一心为民的人才能得到，这荣誉只有人民拥戴的人才能得到。这荣誉是民心，钱买不来；这荣誉是民意，权换不来。

任长霞用她的浩然正气告诉世人：人民警察是保护人

民的盾，是对付敌人的刀。

任长霞心里装着群众、爱着群众，群众想念着她、敬仰着她、爱戴着她。

任长霞走了，登封 62 万群众怀着极其沉痛的心情挥泪送别爱戴的好局长。这是登封土地上最感人最隆重最壮烈的“10 万群众送长霞”的葬礼场面，连那些八九十岁的老人也说：活这么大岁数也是头一次见这种场面啊。人们跪哭在少林大道的中央，用农村最厚重的礼仪：摆上供品，燃上香烛，一张一张焚烧着纸币。他们向领导乞求：能不能将长霞的相片给我们一张，让我们供奉在堂屋的中央，每天都能看到她，每夜都能梦到她，逢年过节，也能端一碗热腾腾的饺子，好让她尝尝呵。

有人在诗中写道：任长霞没有死，她在嵩山上站着啊，嵩山站多久，任长霞就能活多久。

任长霞是锁，是人们心上一把安全的锁，任长霞已成了贴在老百姓心里烫金的福字。

点评：

维护法律的尊严、求得一方安宁，祖国人民的好卫士任长霞，在这里我们无法用语言表达对您的尊敬和爱戴，但我们知道，你虽然是一位“局长”，但却很普通，普通得把自己完全化身于人民之中，把自己融为登封人民一体，这是何等的难得的普通；同时你又很不普通，你是登封千家万户的门神，是贴在老百姓心里烫金的福字。我们知道，中国的法律，如果人人都像你那样的去捍卫，中国的人民都像你那样被关心，想来社会道德的提升，社会和谐环境的构建，将不是难题、不是苛求。任长霞，你用你为国为民无私奉献的精神，赢得了法律的尊严和威严，赢得了登封的安宁和人民的幸福，祖国人民非常非常的需要你。作为任长霞可能是千万个被人尊敬和爱戴的护法使者之一，但她的事迹提示的却是正义的伸张，正气的树立，是社会一切组织和个人不可回避的问题。社会是大家的，社会的环境要靠我们大家共同来维护、来净化，不置可否，维护法律的尊严和威严，实质上既是维护社会的利益，也是维护每个维护者自身的利益。

任长霞的事迹告诉我们树立和维护社会主义法律权威是有着极其重要的意义的。法律权威是就国家和社会管理过程中法律的地位和作用而言的，是指法的不可违抗性。法律权威的树立主要依靠法律的外在强制力和内在说服力。法律的外在强制力是法律权威的外在条件，主要表现为国家对违法行为的制裁。尽管法律权威不可能完全建立在外在强制力的基础之上，但必要的外在强制力，是树立法律权威不可缺少的条件。法律的内在说服力是法律权威的内在基础。如果仅仅依赖外在强制力，法律不可能形成真正的权威。法律的内在说服力既来源于法律本身的内在合理性，如法律合乎情理、维护正义、促进效率、通俗易懂，也来源于法律实施过程的合理性，如执法公平、司法公正。正是由于法律本身及法律实施具有这些内在合理性，法律才受人尊重，被人信赖，为人遵守。在当代中国，树立法律权威对于建设社会主义法治国家、实现国家的长治久安具有非常重要的意义。法律权威是国家稳定的坚实基础。当国家的最高权威是领导者个人时，政治的稳定、国家的兴衰就将寄托于领导者个人身上。随着领导者的更迭，国家的政局就有可能大起大落，政策与法律也会频繁变动。而当国家的最高权威是法律时，由于法律是一种超越于任何个人之上的普遍性规则，并且具有稳定性和连续性，尽管领导者会变动和更迭，但政治统治与社会秩序仍将会保持相当的稳定性和连续性。

我们必须自觉维护社会主义法律权威。社会主义法律权威的树立，既有赖于国家的努力，也有赖于公民个人的努力。从国家角度来说，应当采取各种有效措施消除损害社会主义法律权威的因素。例如，要进一步提高立法质量，保证法律的科学性、合理性；改善法律实施的状况，保证有法必依、执法必严、违法必究；深入开展法制宣传教育，增强全社会的法律意识。从个人角度来说，应当通过各种方式努力维护社会主义法律权威。对于我们来说，至少应做到以下三个方面：

努力树立法律信仰。一个人只有从内心深处真正认同、信任和信仰法律，才会自觉维护法律的权威。我们应当通过认真学习法律知识，深入理解法律在现代社会中的重要作用，深刻把握我国社会主义法律的精神，从而树立起对我国社会主义法律的信仰。

积极宣传法律知识。我们在自己学习和掌握法律知识的同时，还要向其他人宣传法律知识。特别是要宣传社会主义法治观念，帮助人们彻底根除“权大于法”、“要人治不要法治”等封建残余思想，宣传我国社会主义法律的优越性，使人们了解、熟悉和认同我国社会主义法律，从而推动全社会形成尊重和维护社会主义法律权威的良好风尚。

敢于同违法犯罪行为作斗争。违法犯罪行为既是对社会秩序的破坏，也是对法律权威的蔑视。我们不仅要有守法意识，自觉遵守国家法律，而且要敢于和善于同违法犯罪行为作斗争，自觉维护法律权威。

后　记

本书由武汉电力职业技术学院组织编写。在编写过程中，得到了电力行业相关部门的大力支持，感谢他们提供的宝贵素材。本书还参考了有关书籍内容和资料，极大地丰富了本书内容，提升了本书的鲜活性。在编写过程中得到本书编委会全体委员的大力帮助与支持，同时也得到了所有参编人员所在单位领导的关心和支持。

在本书即将付梓面世之际，谨向以上支持、指导、协作和积极参与的同志们、朋友们致以最诚挚的感谢！

由于时间仓促，本书或有不完善甚至疏漏之处，敬请读者谅解和批评指正，以期改正和完善。

主编　明玉萍　刘建辉

2010 年 2 月